全国教育科学"十四五"规划2023年度教育部重点课题"基于跨学科素养培育的小学STEAM课程设计与应用研究"(DHA230423)

STEM课程开发

理论与实践

吴新宁◎著

光明日报出版社

图书在版编目（CIP）数据

STEM 课程开发：理论与实践 / 吴新宁著．--北京：光明日报出版社，2023.8
ISBN 978-7-5194-7412-6

Ⅰ.①S… Ⅱ.①吴… Ⅲ.①创造教育—研究 Ⅳ.①G40-012

中国国家版本馆 CIP 数据核字（2023）第 158513 号

STEM 课程开发：理论与实践
STEM KECHENG KAIFA：LILUN YU SHIJIAN

著　　者：吴新宁	
责任编辑：杨　茹	责任校对：杨　娜　李佳莹
封面设计：中联华文	责任印制：曹　净

出版发行：光明日报出版社
地　　址：北京市西城区永安路 106 号，100050
电　　话：010-63169890（咨询），010-63131930（邮购）
传　　真：010-63131930
网　　址：http://book.gmw.cn
E-mail：gmrbcbs@gmw.cn
法律顾问：北京市兰台律师事务所龚柳方律师
印　　刷：三河市华东印刷有限公司
装　　订：三河市华东印刷有限公司
本书如有破损、缺页、装订错误，请与本社联系调换，电话：010-63131930

开　　本：170mm×240mm
字　　数：199 千字　　　　　　　　印　张：13
版　　次：2024 年 1 月第 1 版　　　印　次：2024 年 1 月第 1 次印刷
书　　号：ISBN 978-7-5194-7412-6
定　　价：68.00 元

版权所有　　翻印必究

前　言

当今世界正处于新一轮科技革命和产业转型的孕育期。科技创新在社会中有着举足轻重的作用。经济转型对高素质的人力资源提出了越来越高的要求。如何培养面向未来的新型人才，提高学生的科学探究能力、创新能力和解决复杂问题的能力，已成为各国面临的共同课题。

近年来，国内外关于STEM教育的讨论很多，虽然没有一个公认的定义，但它在培养未来人才和增强国家竞争力方面的作用受到了广泛与高度的重视。特别是，近年来，国际形势的不稳定性和不确定性日益突出，人类面临的全球性挑战更加严峻，各国面临的多样化困难更加复杂，经济和科学力量作为王牌力量往往表现出无与伦比的实力。STEM教育作为一种有效的科技创新教育形式，已经形成了引领世界科技发展和人才培养的新趋势。STEM教育倡导多学科融合，强调创新精神和实践能力，受到世界各国的广泛关注。美国、英国、德国等主要发达国家已将STEM教育作为国家战略，并出台政策文件，对课程建设、师资培训、标准和规范进行规划及部署，力争在国际竞争中处于领先地位。

目前，中国经济已进入新常态。结构调整、转型升级、提质增效迫在眉睫。劳动密集型经济正在向知识密集型经济转变。社会发展需要一大批具有良好科学素养、特定技术专长、善于解决实际问题的复合型创新人才。从现在到2035年，中小学生将迎来争取科技高峰的黄金时代，正好赶上建设现代化强国的关键时期。加强科技人才培养，为下阶段建设社会主义现代化强国提供强大的科技人才支撑。大力发展STEM教育，有助于我们抓住第四次工业革命的机遇，推动制造业智能升级。它帮助我们抓住信息技术和互联网革命带来的机遇，抓住新兴产业的机遇，实现经济跨越和追赶。加快发展 STEM 教育，创新 STEM 教育模式，已成为加快教育现代化、建设教育强国的重要任务。

近年来，STEM 教育在中国发展迅速。学校、科研院所、社会团体和企业共同推动 STEM 教育实践、理论和政策的发展。北京、上海、深圳、成都等地正在积极探索 STEM 教育推广模式，尝试在中小学建立 STEM 课程体系、项目内容和评价方法。推动科技发展和科技人才培养的一系列重要文件对 STEM 教育提出了特殊要求。中国教育科学院作为国家智力教育研究所，担负着为决策服务、理论创新服务、实践指导服务、舆论引导服务、协调战线服务的任务。2017 年 6 月，中国教育科学院整合国内外专家资源，正式成立了教育研究中心。随着《中国 STEM 教育白皮书》的发布，中国启动了"中国 STEM 教育 2029 行动计划"，并举办了一系列的研讨会。课程标准研究、教师能力评价研究、教育资源利用研究、国际教育经验介绍等一系列具有重要参考价值的政策建议引起教育界广泛而热烈的反应。

在国外率先兴起的 STEM 教育主要面向科技型人才培养，对促进国家未来科技发展具有重要推动作用，也从侧面反映出 STEM 教育忽视了本土文化传承以及缺乏培养文化细胞，导致 STEM 教育存在短板，不能切实培养出复合型人才。虽然我国 STEM 教育起步较晚，但在我国发展 STEM 教育时，可借鉴的经验以及考虑的发展方向与内容都更全面。随着文化软实力的增强，我国 STEM 教育在向科学、数学、工程等理工类方向发展的同时，要注重传承我国优秀传统文化，并在优秀传统文化的基础上实现功能再创新。在中国历史的发展过程中，五千年的中华文明孕育了不计其数的文化瑰宝。当今世界，文化交流日益广泛和密切。西方文化的涌入虽然形成了多元文化融合的繁荣景象，但在一定程度上导致了年轻一代对优秀传统文化的忽视。因此，继承和发展中国优秀传统文化已成为我国教育中不容忽视的问题。

我国 STEM 教育的探索是从学科分工走向综合，从课堂走向生活，从 STEM 走向"STEM+"。"+"是师生将 STEM 与文化和社会服务相结合，静静地改变学校课程和教学，传递创新文化的理念。跨学科整合最基本的终点是重建学科之间的有机联系，包括知识、教学方法和学习方法之间的联系，以及通过创新改变世界的精神之火。通过对文化传承的 STEM 课程的学习，学生可以了解各学科知识的共性，促进各学科知识的融合，增强国家文化认同感。

　　为了总结世界各国实施STEM教育的经验，促进学校之间的交流与合作，本书参考各类相关文献以及实际课程案例，对STEM教育各方面进行了归纳总结。本书围绕STEM教育"是什么""发展进程"和"改进方法"三个方面进行了深入研究，并结合我国优秀传统文化为课题案例，选择了行之有效的措施，取得了良好的课程效果。可以说，本书不仅是工作成果的一个阶段性总结，而且是教学探索的一个小步骤，也是进一步深入研讨STEM教育的素材，可以为其他学校开展STEM教育提供参考。虽然，中国的STEM教育起步较晚，但学校和教师都很热情，推进力度比较大，局部发展很快，优秀成果不断涌现。未来在STEM教育探索中，希望我国教育部门加强重点工作，抓好重点问题，注重重点环节，加强理论研究，加强实践探索，有效解决STEM教育发展面临的困难和问题，共同促进我国健康教育可持续发展。

　　全书由引言和八个专题构成。引言简述了STEM课程开发对建设现代化教育强国的重要性及价值意义。第一章STEM教育的内涵与价值：首先辨析STEM教育的基本概念，其次阐述STEM教育的核心理论及多元学习环境的理论架构，最后分析STEM教育对我国教育发展的价值，以及对传承我国文化的意义。第二章STEM课程国内外研究现状：介绍STEM教育在国外的发展历程，探究国内的STEM教育的研究进展，并剖析STEM教育的热点研究主题。第三章STEM课程开发：介绍STEM课程设计理念、理论基础，学习主题的选择，教学目标的确定、教学活动以及教学评价的设计。第四章STEM课程的管理与评价：介绍STEM教育对传统教学评价的影响，课程评价体系的构建，以及STEM课程评价的内容与策略做了全面诠释，并着重对基于科学和过程的形成性评价进行了介绍。第五章以我国优秀传统文化为主题的STEM课程实践：介绍了不同类型的中华优秀传统文化为主题的STEM课程优秀教学案例。第六章STEM教学改进方法：对STEM教育模式及教学体系进行全面分析，提出STEM课程的优化策略，并介绍其具有代表性的教学改进方法。第七章优化后以皮影艺术为主题的STEM课程案例。第八章总结与展望。

目录
CONTENTS

第一章　STEM 教育的内涵与价值 …………………………………… 1
　一、STEM 的概念的辨析 ……………………………………………… 1
　二、多元学习环境的理论架构 ………………………………………… 7
　三、STEM 教育对我国教育发展的价值 …………………………… 14
　四、STEM 教育对传承我国文化的意义 …………………………… 16

第二章　STEM 课程国内外研究现状 ……………………………… 21
　一、STEM 课程国外相关研究 ……………………………………… 21
　二、STEM 课程国内相关研究 ……………………………………… 31
　三、STEM 教育热点研究主题 ……………………………………… 40

第三章　STEM 课程开发 …………………………………………… 45
　一、课程设计理念及理论基础 ……………………………………… 45
　二、课程主题的选择 ………………………………………………… 54
　三、教学目标的设计 ………………………………………………… 61
　四、教学活动的设计 ………………………………………………… 65
　五、教学评价的设计 ………………………………………………… 70

第四章　STEM 课程的管理与评价 ………………………………… 73
　一、STEM 教育对传统教学评价的改变 …………………………… 73
　二、STEM 课程评价体系的构建 …………………………………… 76
　三、STEM 课程评价的内容与策略 ………………………………… 84
　四、基于科学和过程的形成性评价 ………………………………… 89

第五章 以我国优秀传统文化为主题的STEM课程实践 …… 93
  一、民族服饰类 …… 94
  二、民族建筑类 …… 98
  三、民族工艺类 …… 103
  四、民族艺术类 …… 107
  五、习俗节庆类 …… 112

第六章 STEM教学改进方法 …… 118
  一、STEM教育模式的教学体系分析 …… 118
  二、STEM课程优化 …… 120
  三、STEM活动理论教学法 …… 123
  四、STEM-PBL教学法 …… 130
  五、STEM-5E探究式教学法 …… 134
  六、基于人工智能的STEM-AI教学改进方法 …… 142

第七章 优化后以皮影艺术为主题的STEM课程案例 …… 146
  一、情景分析 …… 146
  二、教学内容 …… 147
  三、课程改进前后对比 …… 165

第八章 总结与展望 …… 168
  一、总结 …… 168
  二、展望 …… 170

后　记 …… 173

参考文献 …… 176

附 件 ··· 181

附件1　项目企划书 ·· 181
附件2　活动记录单 ·· 183
附件3　程序设计单 ·· 184
附件4　学生表现评价表 ··· 185
附件5　作品评价表 ·· 187
附件6　威廉斯创造力倾向量表 ·· 188
附件7　课程效果调查问卷 ··· 192

第一章

STEM 教育的内涵与价值

STEM 教育的兴起是对传统教育模式的挑战，是一场没有硝烟的教育革命。STEM 教育改变了传统的教育模式，主要体现在 STEM 教育的理念与教育意义方面。本章重点介绍 STEM 教育的概念、本质，STEM 教育的理论框架，发展 STEM 教育对我国教育的影响以及对传承我国文化的重要意义。力求全面了解 STEM 教育，促进我国教育事业进一步发展。

一、STEM 的概念的辨析

STEM 教育是新兴起的一种融合了多门学科的教育理念，其主要融合的代表学科为：S-Science（科学）、T-Technology（技术）、E-Engineering（工程）以及 M-Mathematics（数学）。现在社会正在孕育新一轮的科技革命和产业变革，科技创新对社会的发展无比重要，对高素质人才资源的需求正是经济转型所面对的问题，现在各国共同面临的时代课题就是如何培养面向未来的新型人才，以及如何提高学生的科学探究能力、创新能力和解决复杂问题的能力。

1. STEM 教育的含义

STEM 教育并不是将科学、技术、工程、数学四类学科简单叠加，而是强调多个学科交叉融合，是一种有目的、系统的深层整合，使它们彼此融合成为一个有机整体，并以解决实际问题为任务驱动。学生通过 STEM 教育在实践中获得知识、应用知识，培养复合思维和创新思维，提升解决问题的能力。STEM 教育也与心理、经济、管理、社会和政治等学科相关，是通过参与真实的项目实现跨学科融合，强调对知识的应用和对学科之间关系的关注。STEM

教育是对凌驾于学科之上的未来职业和终身学习所需的能力与素养的培养，也是由美国最先提出的一种教育集成战略。

2. STEM 教育的本质

STEM 教育是一种以科技创新教育为主导的有效教育形态。倡导多学科融合、注重创新精神和实践能力培养是 STEM 教育的主要目的。培养学生的 STEM 素养是 STEM 教育的基本目标。STEM 教育对学生的素养要求与 21 世纪人才素养要求一致，都是要求学生具有批判性思维、创造力、合作能力和沟通能力，要想在 STEM 驱动的经济和社会中取得成功就必须具备相关的潜在思维倾向和知识。

3. STEM 教育的核心特征

（1）跨学科性，是 STEM 教育最重要的核心特征，它意味着教育的重点不在某个特定学科上，而是在特定的问题上，强调综合利用多门学科的知识来解决问题。

（2）趣味性，STEM 教育重视分享和创造，强调学生能够从分享和创造的过程中获得乐趣与成就感。

（3）体验性，强调学生以动手、动脑的方式参与学习活动，在这种体验式的过程中，不仅获得"陈述性知识"，还获得蕴含在项目解决过程中的"程序性知识"。

（4）情境性，STEM 教育不直接传授学生学科知识，而是鼓励把知识还原于生活，常以生活中面临的实际挑战作为问题情境，激发学生综合运用多种知识解决实际问题的兴趣。

（5）协作性，特别强调通过团队成员之间的互相帮助和互相启发进行群体知识建构，往往采用小组合作的方式，共同搜集、共享、分析或处理信息，提出多种假设并展开验证，评价也更多是针对团队而非个人。

（6）设计性，要求学习产出环节包含设计作品，通过设计促进知识的融合与迁移，通过作品外化学习的结果获得知识和能力。设计作品的质量可以体现学习者的创新思维、灵活运用技术和综合运用知识的能力水平。

（7）艺术性，强调在作品的工程设计过程中体现美感，提高作品的艺术性。

(8) 实证性，不仅是 STEM 教育的一个特征，更是科学区别于其他学科的重要特征，强调基于证据验证假设，以实事求是、严谨务实的科学态度开展研究。

(9) 技术增强性，STEM 教育强调学习者要具备一定的技术素养，要求习得并较熟练地掌握技术手段，从而利用技术实现创意，将构想形象化，经过创造、制作形成实物作品。传统的人工智能类校本课程往往只强调某一类技术的传授，或者根据某一载体以特定内容和固定方式开展动手实践活动，虽然具有活动内容有趣、鼓励学生小组合作、指导学生动手制作等特点，但往往不能完全涵盖以上提及的 STEM 教育的特征，在跨学科融合、基于现实问题的情境创设以及技术增强性等方面有明显的缺失。

4. STEM 教育的素养

STEM 教育的素养（以下简称"STEM 素养"）包括个体识别、应用来自科学技术、工程和数学领域的概念与内容，以及具备理解并创造性地解决现实挑战或问题的能力。

我们要从两个角度来理解 STEM 素养的内涵：一是基于还原论观点，STEM 素养可以分解为 STEM 各学科素养；二是从跨学科整合的视角来研究 STEM 素养的基本含义。

（1）STEM 素养的学科观

STEM 各学科素养包含科学素养、技术素养、工程素养和数学素养。经济合作与发展组织、美国大学入学考试委员会、我国教育部高等学校教学指导委员会等专业机构都对 STEM 各学科素养进行了基本界定（详见图 1-1）。

①科学素养。科学素养在 2015 年国际学生评估项目（Program for International Student Assessment，PISA）科学素养测试的评价框架中被定义为：运用科学知识（如物理、化学、生物科学和地球空间科学）理解自然界并参与影响自然界有关决策的能力。科学素养可以从以下三个方面讲：a. 科学地解释现象，要达到认识一系列自然现象和技术产品，并能对其做出评价和解释；b. 评价和设计科学研究，要求能够科学地描述、评价科学研究并提供解决问题的方法；c. 科学地解释数据和证据，要求能够分析评价数据和各种不同方式表示的参数，并能得出恰当的科学结论。

```
┌─────────────────────────┐              ┌─────────────────────────┐
│ 科学素养：              │              │ 技术素养：              │
│ 运用科学知识（如物理、  │              │ 使用、管理、理解与评价  │
│ 化学、生物科学和地球空  │              │ 技术的能力；具备分析新  │
│ 间科学）理解自然界并参  │              │ 技术如何影响自己、国家  │
│ 与影响自然界有关决策的  │              │ 乃至整个世界的能力      │
│ 能力                    │              │                         │
└─────────────────────────┘              └─────────────────────────┘
              ↘                                  ↙
                      ╱ STEM的 ╲
                      ╲ 学科素养 ╱
              ↗                                  ↖
┌─────────────────────────┐              ┌─────────────────────────┐
│ 数学素养：              │              │ 工程素养：              │
│ 在发现、表达、解释和解  │              │ 理解技术的工程设计与开  │
│ 决多种情境下的数学问题  │              │ 发过程，基于项目把科学  │
│ 时进行分析、推断和有效  │              │ 与数学原理系统地、创造  │
│ 沟通交流的能力          │              │ 性地用于实践的能力      │
└─────────────────────────┘              └─────────────────────────┘
```

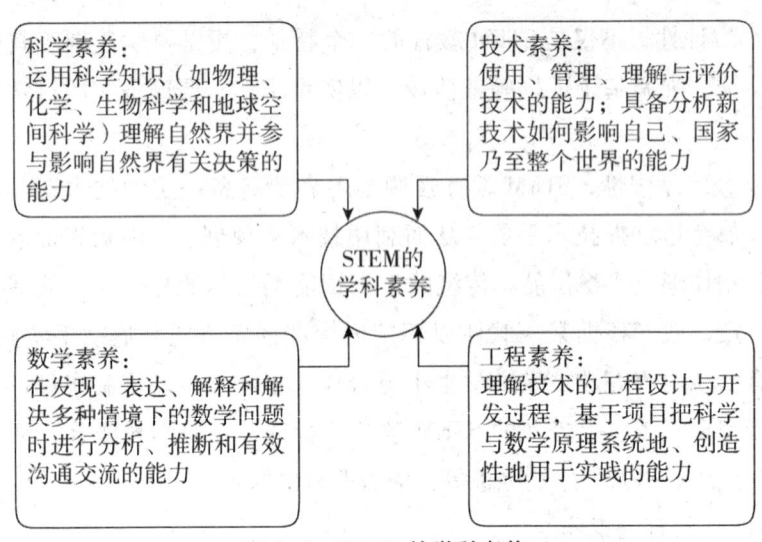

图 1-1 STEM 的学科素养

②技术素养。技术素养被国际技术教育协会（International Technology Education Association，ITEA）定义为使用、管理、理解与评价技术的能力，可以分为四个理解和一个适应，即对技术本质、技术与社会关系、设计、人造世界的理解以及对技术化世界的适应。

③工程素养。了解工程素养就要先了解工程，以一系列的科学知识为依托，应用这些科学知识并结合经验的判断，经济地利用自然资源为人类服务的一种专门技术就是工程，工程也是服务于某个特定目的的各项技术工作的总和，而工程素养就是对工程设计的技术与开发过程的理解能力。另外，工程课程的内容大多是基于各种项目，整合多门学科的知识，将难以理解的概念与学生的生活紧密联系，从而激发学生去探索并解决问题的兴趣。

④数学素养。个人在各种情境中发现、表达、解释和解决数学问题的能力即为数学素养，其中包括：数学推理能力；运用数学概念、过程、事实和工具来描述、解释和预测现象的能力；认识数学在世界中的作用，对相关数学问题做出判断与决策。其中，最重要的是数学的核心素养，包括逻辑推理与论证、解决问题、数学建模、数学表达、运用符号和工具以及沟通交流的能力。

（2）STEM 素养的整合观

有研究学者提出，应该将 STEM 素养视为一个整体性的概念，以整合的视角来分析STEM素养的内容构成。美国科学教育专家拜比（Rodger W. Bybee）认为，STEM素养可以分为概念理解、过程性技能以及解决与STEM教育相关的个人、社会乃至全球问题的能力这几个方面。具体来说包括：①分辨生活情境中的问题，理解基于证据的STEM教育的相关问题的结论；②从知识、探究和设计的角度理解STEM教育的学科特点；③意识到STEM教育的学科对物质、精神、文化环境的影响；④愿意参加与STEM教育相关的事务，成为一个有建设性思维、关心社会、有反思能力的公民。2012年，美国学者佐罗门（Zillman）在布鲁姆教育目标分类理论的基础上，将STEM素养的构成分为三个层次，一是科学、技术、工程、数学以及其他相关领域的素养，二是认知、情感、动作和技能等学习领域的能力素养，三是个人适应并接受有新技术驱动而产生变化的素养。他认为，STEM素养不应该局限于内容领域，而应该把STEM素养视为一种开展深层次学习的方式，其中，包含技能、能力、事实性知识、程序、概念和元认知能力。

5. STEM教育的意义

随着信息时代的发展，STEM教育理念的实施有其必要性。一方面，从国际层面来看，各国为提高本国国际竞争力，竞相培养21世纪技能人才。另一方面，从我国国情来看，我国经济的转型发展需要合理的人才结构和高质量的人才。

（1）STEM复合型人才

培养"贯通"思维。STEM教育的学科整合性特征可将学科与学科之间的理论进行融合，使之相互贯通，能够培养学生全面综合发展。学生在STEM教育理念培养下，可以利用"融通"的方式处理理论知识以及现实生活中复杂的问题，更可以提高审美，激发潜在创造力与逻辑思维能力，是打造未来全方位复合型人才的基础，这是传统的授课模式不能带来的教育作用。

提升探索能力。STEM教育不仅仅是四大学科的文化基础教育，它强调的是学生在21世纪应具备的探索式学习素养，培养学生随时保持好奇心，努力深挖答案的学习方式。STEM教育秉持并贯彻了这种理念，强调让学生抱有好奇心、勤于发问、自主探索、发现问题和自主创新，从而提升学生的学习能力与解决问题的能力。

促进协作效率。STEM教育会培养学生团队协作、高效沟通的技能，这能大大提升学生步入社会、进入工作后的适应能力，保持良好的团队协作关系是完成更大目标的基础。当前，美国中等教育阶段的STEM教育改革正在进行，除加强学科基础知识的贯通外，团队协作的能力更被看重。根据美国劳工统计局（U. S. Bureau of Labor Statistics）的数据，到2029年，STEM领域的工作岗位种类数量预计将增长8%，这表明经过STEM教育全面发展的学生更符合社会需求的人才标准，而且他们的综合素养表现远远高于专攻单一领域的同龄学生。

（2）国情需要

提升国民科学素养。21世纪是信息革命大爆发时期，大力发展STEM教育可以帮助我们抓住信息技术和互联网革命带来的契机，在新时代兴起的领域抢占先机，从而实现经济上的跨越和赶超。另外，我国技术型人才存在着分布不平衡、质量参差、结构缺陷等问题，而社会发展需要优秀的工程师和科学家，STEM教育有助于给社会输送一批具有高学历和工作能力良好的专项人才。此外，STEM教育还有助于提升国民的科技素养，帮助国民适应社会的发展，更快地应对科技带来的生活变化。

促进国家经济转型。目前，我国经济进入新的阶段，调整结构、转型升级、提高质量、提高效率不容懈怠。由于我国经济结构正在从劳动密集型向知识密集型转变，时代发展需要一大批优秀的具有科学素养、拥有特定的技术专长，并善于解决实际问题的复合型人才。现在我们正处于努力发展科技的最佳时代，是我国建设现代化强国的关键时期。发展和推广STEM教育有助于国家培养高质量的科技人才，为下一阶段社会主义现代化强国建设提供强有力的科技人才支撑。同时，发展和推广STEM教育可以帮助我们抓住第四次工业革命的机遇，促进制造业的智能升级。加快推进教育现代化、建设教育强国的重要任务是努力发展STEM教育、创新STEM教育模式，也是全面提升国家竞争力的迫切要求。促进经济发展和增强国际竞争力的核心动力是STEM教育。

随着知识经济时代的发展，处于核心发展地位的是先进的科学知识与技能，在经济生产中起决定性要素的是掌握先进知识与技能以及创新思维的人才。由此可知，与之前的农业社会和工业社会相比，知识经济社会是一个依赖于科学知识以及知识工作者的社会，对科技人才的需求量非常大。数学、科学、工程、技术等和STEM教育有关的学科逐渐显示出其促进经济发展的不可替代的作用。

二、多元学习环境的理论架构

国际STEM教育研究的核心理论经历了从管道理论到路径组合理论的曲折过程，但这两大理论的延续和变化过程实际上反映了多元学习环境对STEM教育的重要影响。由于STEM教育从业者的学习和生活经历比较复杂，多元学习环境不仅包括正规的学校课堂学习环境、校外的非正规学习环境，还包括科学场馆、家庭等非正规学习环境，因此，本节详细介绍多元学习环境的理论框架，努力探索最适合中国STEM教育发展的教学环境。

1. 课堂学习环境的基础理论

课堂学习环境是在社会学、心理学和教育学等诸多学科蕴含的理论基础上发展起来的。各种理论的形成、成长和整合，确立了它们的研究地位，也影响了课堂学习环境研究的发展。深入分析课堂学习环境的多维理论，对该领域的研究具有重要意义。

（1）环境心理学理论

环境心理学是一门集多学科于一身的交叉学科，主要研究人与其所处物理环境、社会环境之间的关系。对于环境与行为关系的科学研究起始于一百年前，在百年的发展中，领域主题、研究方法、理论视角和实践策略都与时俱进，并发生了一系列的改变和革新，但是环境心理学始终关注该学科的核心理论主线，即人与环境之间的相互作用关系。

一方面，环境心理学认为环境与行为之间是真实的相互作用，关注环境的唤醒水平、刺激强度以及学习者的调控能力，同样适用于现实中的课堂学习环境和网络与智能化的学习环境；另一方面，环境心理学认为场所和人一样是有生命的，它与生活在场所中的人和谐共存，彼此互动，组成了一个有机的整体，师生是存在于学习环境中的人，学习环境是承载着师生发生教与学互动的环境。环境心理学的研究领域可以划分为以下七个部分：人对环境的感知与评价，个体认知与动机和社会因素对环境问题的影响，环境危险感知与生活质量，生活方式与可持续发展行为，改变不可持续发展范式的措施，公共政策制定与决策，个体与生物、生态环境系统的关系。

(2) 环境建构主义学习理论

隐藏在学习和知识建构过程背后的社会文化机制是建构主义关注的内容。建构主义认为，学习者需借助文化知识参与一个群体学习相关的知识和技能，学习的过程离不开文化的参与。所以，知识的学习和技能的掌握依靠的不仅仅是学习个体与外在环境之间的相互作用，还需要文化的参与——组内合作及讨论。该理论认为，知识是蕴含在情境之中的，并不是独立存在的，知识需要通过情境中的活动才能习得。教学需使学生融入真实的情境中去体验和发现，从而使其能力得到提高。

建构主义学习理论还提到，学生才是课堂学习的主体，教学不是教授学生知识，也不是教会学生怎样学习，而是为学生去创建一个相对优质的学习环境，让学生自己决定怎样去学习。教师的教学方式和手段是影响课堂学习环境的重要因素，建构主义学习理论下的课堂学习环境要求在师生间建构积极良好的互动，教师采用情境教学和引导的教学方式促进学生的学习。

(3) 技术支持的学习环境理论

当代社会信息技术的迅速发展和网络媒体的高度发达，使学习环境越来越呈现出网络化、数字化、虚拟化、开放化和智能化等诸多技术性特征，传统意义上的学习环境的时空观被打破，也使学习环境的研究更为复杂和多元，凸显"技术与人"的关系作用。技术支持的学习环境作为学生认识外部世界的中介，其结构可以拆分为三种形态：界面环境、网络空间环境和以学校为中心的"功能共同体"环境。

界面环境就是人与计算机之间传递和交换信息的媒介，使人与技术在学习的世界中连成一体，共同建构学习的图景。相对于物理环境而言，网络空间环境充满虚拟性和想象力，超越了时空和逻辑的限制，展现出一种多层次和交叉互动的特征。以学校为中心的"功能共同体"环境则包括学校环境、家庭与社区环境及其互动。学习环境是促进学习者积极建构知识意义，促进学习能力生成的外部条件，包括物理学习环境、技术学习环境、资源学习环境和情感学习环境。灵活学习环境是学习者自主选择的，超越了适应性学习环境预设的个性化学习轨迹和学习资源，可以孕育和发展学习者的自主学习能力和成长思维。

2. 非正式学习环境的基础理论

为了更好地发现学生在不同情境下学习的规律，针对特定情境下非正式科学教育的政策及评价方法的制定提供可靠依据，研究者将这些纷繁复杂的环境根据其各自的特点进行分类。根据学习的组织形式不同将非正式科学教育的环境细分为日常生活环境、可设计的环境、课后及成人项目和虚拟环境四类。

（1）四类非正式科学教育

日常生活环境下的学习贯穿一个人的一生，它包括家庭成员或同伴之间的交流谈论与活动、个人爱好、大众媒体的利用、新技术的使用等。这是最体现以学习者为中心的情境，学习的形式、内容、时间和地点完全由学习者自主选择、组织和协调；同时，外界其他成员也可以成为调控者，如父母或兄弟姐妹等，他们可以通过提问或提供资源等方式影响学习者的学习效果。社会文化环境对这一环境下的非正式科学教育具有重大的影响，比如，一个生活在农村家庭的孩子，在日常生活的交流中受到最多的教育可能就是关于种植作物、喂养家禽家畜等方面的知识，这与一个生活在城市工薪家庭的孩子受到的日常教育是完全不同的。

可设计的环境指可被执行者进行一定设计的学习环境，包括博物馆、科学中心、植物园、动物园、水族馆以及图书馆等场所。在这种类型的环境中进行的科学教育是由特定的机构组织的，但需要指出的是，学习的主动权还是掌握在学习者手中的：首先，学习者有权利选择是否进入以及何时进入环境，不像正规教育带有强制性；其次，进入环境后，选择接触何种信息，学习何种知识，持续时间长短也是由学习者决定的。一般来说，此环境下的学习都是短期而分散的，学习也常发生在与同伴、家庭成员以及指导者之间的交流中。为了延长这种"短暂"参观的影响时间，场馆采取多种手段，如后期网页访问、巡回展览、信件或电子邮件回访等。

夏令营、俱乐部、科学中心项目、老龄旅社项目、志愿者组织和学习旅行都属于课后及成人项目。与非正规学习兴趣班、学术会议等相比较，这一项目虽然会有一定的组织，有时会出现一定的课程以及一定的成绩评价，但学习者是相当轻松与自由的，学习的目的不会如正规和非正规学习那么明确，不用必须在学习的过程中掌握某种技能或获得某一特定方面的知识，学习者可能更注重在这一过程中的所见所闻，以及学习过程带来的参与感、成就感和能力的提升。项目在评价时不会对学习者的成功有预定的期望值，或将学习者的成就与预期值做对比，没有对具体知识和技能进行强制评定。这些项目会经常为有需要的人群提供服务，如经济困难的儿童或成年人等。

虚拟环境是指以网络、多媒体、虚拟现实等核心信息技术构建的环境。随着多媒体和网络技术的发展，现在已经涌现出一系列虚拟的学习环境，例如虚拟校园、虚拟图书馆、虚拟博物馆、远程教学平台和虚拟学习社区等。虚拟环境可以对现实课堂中的材料进行补充，让学习者在可视化、浸入式的环境中协作学习，当学习者积极参与到活动中的时候，能够更好地掌握、记忆新知识，并将新知识概念化。由此，虚拟环境也是一种有效的非正式学习环境。

综上所述，日常生活环境、可设计的环境和课后及成年人项目都属于现实的学习环境，但三者又有着完全不同的特点，针对它们的评价和政策差别极大，如对日常生活环境下的学习进行评价时通常采用即时反馈的形式，但对课后及成人项目的评价则必须包括前后测，甚至会有更长时间的追踪回测。同时，虚拟学习环境是融于不同的现实环境的，每种现实环境都可借助虚拟技术的帮助，而处在不同现实环境之下的虚拟学习效果也会受到不同的影响。研究者根据不同的科学教育学习理论以及多元环境建立的诸多理论模型并没有很好地统一起来，它们各有侧重点，以及各自的适用条件，这就使得青少年科学教育的研究没有统一的标准，给理论研究与实践带来了困难。

（2）非正式学习环境的理论模型

学习情境模型主张将学习环境分为个人情境、社会文化情境和物质世界情境三个部分，它们都不是稳定不变的，而是随着时间轴而不断延伸发展的。首先，个人情境指的是学习者在进入学习环境时所携带的个人情况的总和。由建构主义理论可知，一个人的前概念和经验对他的学习会产生巨大影响，而他的兴趣、动机也在这一过程中扮演着重要角色。由此，根据个人情境视角，非正式科学教育应该是建立在学习者的前概念、动机和信念基础之上的，让学习者充分选择和控制自我的学习过程。其次，由于人类是社会文化的产物，不管何种学习都应该是适合特定的社会文化情境的。影响非正式科学教育的社会文化因素包括价值观、文化背景等。研究表明，在学习过程中与同一群体中的个体进行交流合作会对学习效果产生极大的促进作用，同时与不同群体中的个体如解说员、导游、表演者等进行的交流也会对学习有一定的调节作用。最后，学习都是发生在物质世界中的，是与物质世界相互作用的结果，因此学习者所处的三维空间的状况也是影响学习的重要因素。空间、光线、气候以及其中包含的学习资源都是物质世界情境涵盖的内容。许多针对博物馆的研究都显示，整个展览的颜色，声音、人群的多少，展出的展品内容，展品摆放的位置，标示语的描述等都毫无疑问地影响着参观者的学习效果。

在综合各理论模型的基础上，研究者多以学习的生态学框架（ecological frame work）作为统一的理论模型。生态学指的是学习者与物质世界和社会环境的关系，重视以学习者为中心的视角（people-centered lens），这包括前概念的影响、知识掌握的过程以及元认知的重要性。对于学习者的分析必须注重思维的详细过程、获得知识的表现、兴趣的增加等，在社会文化的交流过程中产生的变化也是极其重要的。必须指出的是，以学习者为中心的分析与认识论是不同的，虽然这两者都将个人作为研究的中心，认识论更关注思维过程，但以学习者为中心的分析同时会侧重学习者的社会行为、实践以及感情世界。以学习者为中心的理论框架模型由平面内两条互相垂直的双向箭头构成，一个箭头代表知识理论（认识论），从唯物主义指向唯心主义；另一个箭头代表学习理论，由传递模型指向建构模型，即行为主义指向认知理论，因此，平面就被分成四个象限（见图1-2）。有了这一模型之后，博物馆或展览等可以根据它们向参观者提供的学习环境的种类，置于图中的一个象限中。例如，象限1代表"说教传授"，即认为科学知识应该以真实固定的形式进行传递，学习者是被动接受，而不是主动思考和应用知识；象限2代表"发现探究"，在此环境中对于知识的理解是通过与真实世界的互动交流，探索发现而得来的；象限 3 代表"建构主义"，个人是通过将旧知识与新概念相结合，调整旧有图示，从而获取知识的；象限 4 代表"刺激—反应"，学习者对于外部世界知识的整体获得是通过刺激—反应逐步增强而达到的。

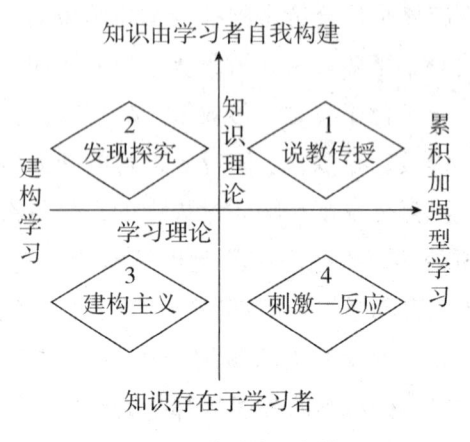

图 1-2　学习的生态模型

（3）基于环境和文化的非正式学习环境

人类的每次学习都是发生在特定环境中的，社会文化观点认为，物质世界的特征、可利用的材料以及在特定的环境下发生的特定活动会对学习的过程和效果产生显著影响。将学习环境作为研究的中心被认为是理论研究向实践研究的转折点，在这些研究中，各种科学学习活动都被看作特定环境中学习资源巧妙安排的结果，这些学习资源包括各种器材和材料、技术工具，虚拟数据的可视化展示等，它们构成学习活动物质世界的基础。在世界上无处不存在学习资源，人们和它们的作用与反作用，与人类之间的相互交流一样，都是人类学习活动的中心。在生态学中，对人类与物质世界的相互作用的研究已有几十年的历史。比如，有研究表明，参观者在博物馆中产生的对话和活动在很大程度上受其中展品的选取及其摆放方式的影响。在日常学习情境中，人们会搜集和应用周围环境中的各种资源来解决所面对的问题。媒体也是这一视角需要研究的重要部分，各种形式的媒体如互动游戏，电视、印刷品等可以为学习者营造一个独一无二的学习环境，网络的出现也使信息的获取更加便利，人们传统的学习和交流形式已经在互联网的影响下发生了巨大变化。同时，自然环境是人类学习的主要场所，其广阔的物理环境、丰富的学习资源为学习探究活动提供了天然的条件。

非正式科学教育中有关学习环境建构的理论观点种类颇多，表1-1总结了这些不同的理论框架，可以发现社会文化理论的重要影响。在过去几十年中，教育研究领域最重要的理论转型之一就是社会文化理论的兴起，该理论主要探讨社会文化实践对于个人发展的影响，为人类发展提供了文化的根源。一个人所处的社会文化背景会"强制"影响他的思维方式，而人们的思维方式又反过来形成了整个社会文化。经过多年的发展，社会文化理论已经日趋完善并有了新的进展。对文化的理解有两个方面与学习息息相关。第一，文化是双向的，并处在不断变化之中。这也就是说，个体不仅不停地吸取社会文化中的各种知识和技能，还会将自己的经验和知识带进文化群体，从而对文化产生影响。人们作为参与者的身份在文化团体中发展成长，只有以文化的中心视角来审视，才能完整地理解人类的学习过程；不可否认，社会文化也无时无刻不发生着变化。第二，文化在各个群体中的分布是不同的，它会因民族、职业或社会等级等的不同而存在显著差异，而一个人会同时接触到不同的社会群体，体验到不同的社会文化。以文化为中心的视角为非正式学习环境研究提供了一个更广阔的视角。它不仅包括学习者与现实世界的联系，他们每天在自己所处的社会文化背景中接触到的科学知识，还包括了特定文化认可的与科学有关的价值观和需求，并由此提供给学习者的学习资源和学习活动。

表1-1 非正式科学教育中有关学习环境的不同理论观点

理论观点	主要内容
学习情境模型	将环境分为个人、社会文化以及物质世界3个部分，并列举了12个关键的因素
多特性框架	探寻影响人们决定想成为或者害怕成为某种人以及参与某个活动的因素，它已经被用于测试不同工作领域中种族、性别的差异
第三空间	研究不同于两个传统的生存空间（家庭和工作或者家庭和学校）的第三个空间，比如，远程工作者工作的咖啡店
情境同一性	主要研究观众的期望以及时间安排表
家庭学习	将研究重点由个人转向学习团队
社区实践	应用于社区工作的发展与评价，以及职业发展计划

三、STEM 教育对我国教育发展的价值

STEM 教育培养出的人才适用于很多领域，不仅仅是科学家、工程师等理工科人才，其具备的思维和能力符合各个领域对人才的要求。在 STEM 教育的过程中，学生人格的全面发展也得到了正面反馈，这对培养我国未来接班人为新社会复合型人才有着重要的战略意义。

1. 提升学生 STEM 素养能力

教育兴起之初，大多以国家本土语言历史类学科展开，随着人们对世界未解之谜的探索，人们认识到了科学的重要性，科学、技术等逐渐发展成为一门教育学科。英国率先于 18 世纪开展的第一次工业革命更是影响了整个世界教育观，人们开始重视技术、工程等工科类人才，并大力培养具备专业素养的学生。发展 STEM 教育是必然趋势，也是我国增强国际实力的必要措施。实施 STEM 教育战略，提升学生 STEM 素养能力，尤其是工业、数学、工程等生活中常涉及的理工科思维与能力，一方面，可以补齐学生进入社会产生解决实际问题能力不足的短板；另一方面，可以提升我国劳动力整体的专业素养，使学生更好地发挥自身优势，为国家贡献自身的一份力量。

2. 提高学生适应社会能力

STEM 课程的设计，能够充分打破学科与学科之间的界限，使学生有能力去找到不同领域内容体系之间的联系，提高学生交流沟通的能力、协同合作的能力和不断创新的能力。STEM 应用在文化传承领域就好像是鱼到了水里一样。例如，本书优秀案例之一"扎染技术"就是典型的用 STEM 课程设计打破了各个领域壁垒的一门课程。学生在这个工程中也会接触不同领域有资历的教师、优秀的学生等，在不同程度上提升社交能力。STEM 教育替代传统教育不仅仅是像传统教育那样单方面地灌输知识，STEM 教育方式是让学生主动学习、理解知识，并且提升学生在不同方面的能力，如社交能力、艺术方面的创造力等。

3. 提升学生实践能力

通过设计 STEM 课程，学生可以科学地提出问题，并有计划、有目的地设计和实施方案，有依据地分析解读数据，创新地设计出不同配比的科学方

案，把学生体验活动变为学生发现问题并且解决问题。这不仅提高了学生探究科学的核心素养，还提高了学生系统构建不同学科知识的思维能力，因此，STEM 教育对于国内人才培养尤其重要。它不仅可以培养出拥有科学思维的人才，更让其具备了极强地解决问题的实践能力。比如，我们只在书本和资料文件上去学习并了解"脸谱"这一项传统技能，是无法将这一传统文化进行传承的，正如南宋诗人陆游在《冬夜读书示子聿》中所写"纸上得来终觉浅，绝知此事要躬行"，从书本上得到的知识终归是浅薄的，未能理解知识的真谛，要真正理解书中的深刻道理，必须亲身去实践，方能学有所成。但如果转变为 STEM 教育模式，就不再单纯地讲述理论知识，而是让学生融入真实的情境中，亲手参与脸谱制作，演唱相关戏曲，会使学生的参与积极性更高，文化的传承效果会更加显著。

4. 提高国家文化认同感

我们国家的文化实力并不弱，现在却频繁地出现了崇洋媚外的情况，归根结底还是文化传承工作没有做到位。作为国家软实力之一，文化地位的重要性不言而喻。在 21 世纪，无人问津的中国优秀传统文化并不少，它们都需要我们重视并传承，然而普通的学习方式并不能满足现在的形式，在多元化盛行的当下，学习方式也应顺应这个趋势。因此，STEM 教育这种多学科融合的学习方式正好顺应了现在人们的思想，是用来学习并传承传统文化的不二选择。通过 STEM 教育设计传承文化方面的课程，不仅可以把中国优秀传统文化传承下去，更可以让学生在学习工程中提升文化自信，增强国家文化认同感。这就是多学科融合教育理念，即 STEM 教育理念，这样培养出来的人才正是现在国家需要的、传承文化需要的人才。

5. 增强国家竞争力

一个国家之所以去发展 STEM 教育，是因为它可以提升国家的核心竞争力，一个国家的核心竞争力归根结底就是人才的竞争，而运用 STEM 教育理念的教育方式正是用来培养创新人才的最佳选择。STEM 教育专业人才对科技的发展、文化的传承等多方面都有着不可或缺的作用。《中国教育白皮书》等文件中有关教育改革的建议与提议正是体现了我国正在努力培养 STEM 类创新人才，这也在一定程度上落实了我国"十四五"规划的目标。STEM 教育所培养的人才，不仅仅是工程师、科学家，他们具备的科学的思维、极强的实践能力等较高的素质素养让他们在任何一个领域都是极其抢手的存在，这正好满足了不同领域包括文化传承领域对人才的需求。STEM教育不仅仅是对国家经济、科技的发展，对文化的传承也有不可或缺的作用，对每个接受STEM教育的个体也有难以替代的作用。STEM教育培养学生可以真正触摸到中华优秀传统文化的厚重，品到中华文化的古韵。STEM教育培养出来的人才真正意义上继承了中国传统优秀文化，而STEM教育注重实践能力的特点更让这些人才具备了将他们继承的中华优秀传统文化发扬光大的能力。

四、STEM教育对传承我国文化的意义

文化是文明演化而汇集成的一种反映民族特质和风貌的文化，是各民族历史上各种思想文化、观念形态的总体表现。中华文化传承上下五千年，不仅仅是属于中国人民独有的精神文明，可以说她是人类文明中最闪耀的瑰宝。作为四大文明古国之一，中华文化是唯一没有产生断层的文化，其整个发展过程凝结了人类智慧的结晶，作为一种精神力量，其在人们认识世界、改造世界的过程中转变为物质力量，对人类社会产生了深刻影响。这种影响不仅表现在个人的成长历程中，还表现在民族和国家的历史中。人类社会发展的历史证明，只有物质和精神都富有，才能自尊、自信、自强地屹立于世界民族之林。所以，加强我国文化传承与发展，加快面向文化传承的STEM教育改革，是国家发展的要求，是人类社会的需求。

1. 文化的概念

（1）文化的定义

文化是相对于政治、经济而言的人类全部精神活动及其产品。广义是指人类在社会实践过程中所获得的物质、精神的生产能力和创造的物质、精神财富的总和。狭义是指精神生产能力和精神产品，包括一切社会意识形态：自然科学、技术科学、社会意识形态，有时又专指教育、科学、艺术等方面的知识与设施。文化是智慧群族的一切群族社会现象与群族内在精神的既有、传承、创造、发展的总和。它包括智慧群族从过去到未来的历史，是群族基于自然的所有的活动内容，是群族所有物质表象与精神内在的整体。

（2）文化的内容

人类文化内容具体是指群族的历史、地理、风土人情、传统习俗，工具，附属物、生活方式、宗教信仰、文学艺术、规范、律法、制度、思维方式、价值观念、审美情趣、精神图腾等。文化既包括世界观、人生观、价值观等具有意识形态性质的部分，又包括自然科学和技术、语言和文字等非意识形态的部分。

（3）文化的特征

文化是人类社会特有的现象。文化是由人所创造、为人所特有的。具体人类文化分为：物质文化、哲学思想（制度文化和心理文化）。文化传承方式主要有：学校教育、家庭教育、社区活动、社会场馆、网络媒体等。

2. 文化的作用

人类由于共同生活的需要创造出文化，文化在它涵盖的范围内和不同的层面发挥着主要的功能与作用。

（1）整合

文化的整合功能是指它对于协调群体成员的行动发挥的作用，就像蚂蚁过江。社会群体中不同的成员都是独特的行动者，他们基于自己的需要、根据对情景的判断和理解采取行动。文化是他们之间沟通的中介，如果他们能够共享文化，那么他们就能有效地沟通，消除隔阂、促成合作。

（2）导向

文化的导向功能是指文化可以为人们的行动提供方向和可供选择的方式。通过共享文化，行动者可以知道自己的何种行为在对方看来是适宜的、可以引起积极回应的，并倾向于选择有效的行动，这就是文化对行为的导向作用。

（3）维持秩序

文化是人们以往共同生活经验的积累，是人们通过比较和选择认为是合理并被普遍接受的东西。某种文化的形成和确立，就意味着某种价值观和行为规范的被认可和被遵从，这也意味着某种秩序的形成。而且只要这种文化在起作用，那么由这种文化确立的社会秩序就会被维持下去，这就是文化维持社会秩序的功能。

（4）传续

从世代的角度来看，如果文化能向新的世代流传，即下一代也认同、共享上一代的文化，那么文化就有了传续功能。

（5）了解中国文化的必要性

中国文化是中华民族在长期历史发展中的伟大创造物，是整个民族智慧和创造力的结晶。数千年来，它不但在中国历史上大放光彩，惠及历代炎黄子孙，而且在汉代开辟"丝绸之路"以后，影响了西方世界的历史与文化。在国际社会中，它的传播更加迅速，影响更加广泛。

3. 文化传承的 STEM 教育的含义

我国国内一直对 STEM 教育进行探索性尝试，但是依然缺乏针对性的本土化研究的相关问题，本书提到的文化传承的 STEM 教育是以中国优秀传统文化的传承为目标导向的学科融合教育，即以弘扬中华优秀传统文化和中华民族家国情怀为核心价值观导向的本土化 STEM 教育（以下简称"C-STEM"）。C-STEM 教育中的 C，是 Culture 的简称，是一个目标导向的概念，即以文化传承为主要教育目标，而 STEM 教育是强调学科融合的整合课程形态，是实现以文化传承为导向的手段。C-STEM 教育是在传统文化的基础上，对跨领域知识进行高度融合，而不是简单地在现有课程中叠加传统文化的主题。这样用来引导学生欣赏、理解和研究传统文化，产生对传统文化的兴趣，鼓励学生把学到的多个学科的知识（如科学、数学、艺术等）应用到富含传统文化概念的研究和创作中去，其中，最重要的是培养学生的人文精神，增强文化认同感与文化理解，培养民族自信和家国情怀。

以传承中华优秀传统文化为目标的 STEM 教育是具有我国本土特色的一种学科融合教育。文化传承的 STEM 教育中具体的核心价值具备以下三点：一是具有培养学生核心素养的育人价值，教育本身就是教书育人，培养优秀的综合型人才是文化传承的 STEM 教育的基本目标；二是具有传承优秀传统文化的载体价值，传承优秀传统文化不是凭空想象、口口相传就能达到其传承效果和文化作用的，为促进我国优秀传统文化的传承和发扬，我们有必要发展以文化传承为目的的 STEM 教育；三是具有打造区域特色文化的社会价值，全国各地如果将以文化传承为目的的 STEM 教育深入发展到小、中、大学,各地就会优秀综合型人才辈出,从而为宣传各地特色文化助力。

4. 文化传承的 STEM 教育的目的

文化传承的 STEM 教育的目的大致可以从国家和社会这两个层面来理解。

(1) 就国家层面而言,发展文化传承的 STEM 教育是为了提高国民的文化自信以及文化认同感。在中华民族的发展过程中,诞生了无数的优秀传统文化,而如今世界文化交流紧密且广泛,大量他国文化涌入我国,产生了多元文化融合互通的现象,并且对我国传统文化产生了冲击,使新一代年轻人更容易忽视优秀传统文化。因此,传承与发扬我国优秀传统文化,重新建立人民群众对我国文化的认同感与自信心,是目前教育中不可忽视的问题。

习近平总书记在庆祝中国共产党成立 95 周年大会上提出,要在党的十八大报告中"三个自信"的基础上,重视"文化自信"。习近平总书记指出:"中华文化源远流长,积淀着中华民族最深层的精神追求,代表着中华民族独特的精神标识,为中华民族生生不息、发展壮大提供了丰厚滋养","中华优秀传统文化作为中华民族的基因,已经植根在中国人内心,潜移默化地影响着中国人的思想方式和行为方式"[①]。在人与社会的发展中,教育起着推动发展的作用,从而要求我们国家的教育工作者在教学工作、研究和实践过程中,适时、适当地将优秀传统文化中的非物质文化遗产作为优质育人资源融入教育教学的各个环节,这会对优秀传统文化起到保护和传承作用。

(2) 就社会层面而言,发展文化传承的 STEM 教育是为了将优秀传统文化中的民族精神以及优秀传统文化中的精华传承发扬下去,并且在此基础上支持我国本土文化产业的传承和发扬,使传统文化产业"后继有人""薪火相传"。

任何一个国家和民族文化的发展,都是在既有文化传统基础上进行的文化传承、变革与创新。如果离开传统、割断血脉,就会迷失方向、丧失根本。国家的魂魄、民族的精神,始终是以文化为载体,矗立在国人心中的。它直接影响人的思维、行为和生活方式。中华民族优秀传统文化是我国各族人民

---

① 习近平在中国科学院第十九次院士大会、中国工程院第十四次院士大会开幕会上发表重要讲话强调:瞄准世界科技前沿引领科技发展方向抢占先机迎难而上建设世界科技强国[N]. 人民日报,2018-05-29(1).

世世代代的创造和积累，积淀着各个时期的社会因子，对整个中华民族的发展产生了深刻而久远的影响。中华民族光辉灿烂的优秀传统文化是中华文化今后发展和繁荣的肥沃土壤。

文化软实力对国家和民族的发展具有潜在的推动力，它可以在凝聚人心、激励士气、淳化民风、塑造民族形象等方面发挥巨大作用，还可以为经济、政治、外交的发展助力。中华文化是中华民族生生不息、团结奋进的不竭动力。我们应通过STEM教育更科学、全面地认识民族优秀传统文化，理解民族优秀传统文化的深刻内涵，取其精华，去其糟粕，对其进行科学的传承，使之与当代社会相适应、与现代文明相协调，保持民族性，体现时代性，以利于传承中华文明和发展中华文化，更好地建设社会主义先进文化。

由此可见，发展文化传承的STEM教育是非常重要的，为了避免国外文化对我国优秀传统文化的冲击，避免优秀非物质文化遗产的没落和消失，为了发扬和传承优秀传统文化，使学生认识优秀传统文化、爱上优秀传统文化，在各地区教育界推广和发展文化传承的STEM尤为重要。

第二章

STEM 课程国内外研究现状

STEM 跨学科课程的发展，是培养推动未来社会发展的高素质人才、提升国家竞争力的关键，其对国家发展的各个方面都起到至关重要的作用，包括但不限于生产更为优秀的产品、改善社会医疗、有效开发资源、改善生态环境、促进国家经济繁荣、维护国家安全等。本章以国外 STEM 教育具有代表性的美国、英国、德国和芬兰为例，梳理国内外面向文化传承的 STEM 教育研究现状，分析国内外面向文化传承的 STEM 教育的发展路径以及政策，以便未来，我国在面向文化传承的 STEM 课程发展时期能够借鉴和使用他国优秀制度或其他资源，最终达到促进我国 STEM 教育发展的目的。

一、STEM 课程国外相关研究

STEM 教育概念起源于 20 世纪 80 年代的美国，随着当时经济全球化逐渐发展，美国在一些具体的科技发展上，地位慢慢下降，其国际竞争力相对减弱。美国要想继续保持美国世界霸主、领导者的地位，需加强科技人才持续输出，加大研发、商业开发和知识产品等技术发展，而科学、技术、工程、数学是知识密集型经济所需的基本技能。1986 年，美国国家科学研究委员会（NSB）颁布了《本科的科学、数学和工程教育》报告，其中提出"科学、数学、工程和技术教育集成"的纲领性建议，成为 STEM 教育发展的开端。受美国影响，西方发达国家也开始了 STEM 教育的探索之路。

1. 各国 STEM 教育发展路径以及宏观政策

（1）美国 STEM 教育发展路径及宏观政策

在世界经济全球化的背景下，基于美国学生的平均成绩均没有达到国际数学和科学趋势研究（TIMSS）以及国际学生评估项目（PISA）中的优秀水平，反映出美国的基础教育阶段在科学、技术、数学、工程课程上存在很多问题，导致后期大学生选修科学实用型专业的人数减少，进而影响了美国高新科技技术的地位。具体表现在，1998—2010年，美国高新技术所占的全球市场份额从34%下降至28%；同期，美国在全球高新技术出口市场中所占的份额也从19%下降至15%。该现象加深了美国对于科技人才的渴求，随后美国开启了一条对复合型人才课程教育的探索之路（美国推进STEM教育发展的重大举措详见图2-1）。

```
                    ┌─ 1986年，《本科的科学、数学和工程教育》──首次提出STEM教育
             萌牙阶段 ─┼─ 1986年，《塑造未来：透视科学、数学、工程和技术的本科教育》
                    └─ 2006年，《美国竞争力计划》
美国
推进              ┌─ 2007年，《美国竞争法》
STEM     快速发展阶段 ─┼─ 2009年，《改善所有美国学生的STEM教育》
发展              └─ 2010年，《改革蓝图——初等和中等教育法再授权》
的
重大              ┌─ 2011年，《美国创新战略：确保美国经济增长与繁荣》
举措              ├─ 2013年，《STEM教育五年战略计划》
         快速发展阶段 ─┼─ 2015年，《2015年STEM教育法（2015）》
                    ├─ 2016年，《STEM2026：STEM教育创作新愿景》
                    ├─ 2017年，《国家行动计划：应对美国STEM教育系统的紧急通知》
                    └─ 2018年，《制定成功路径：美国STEM教育战略》
```

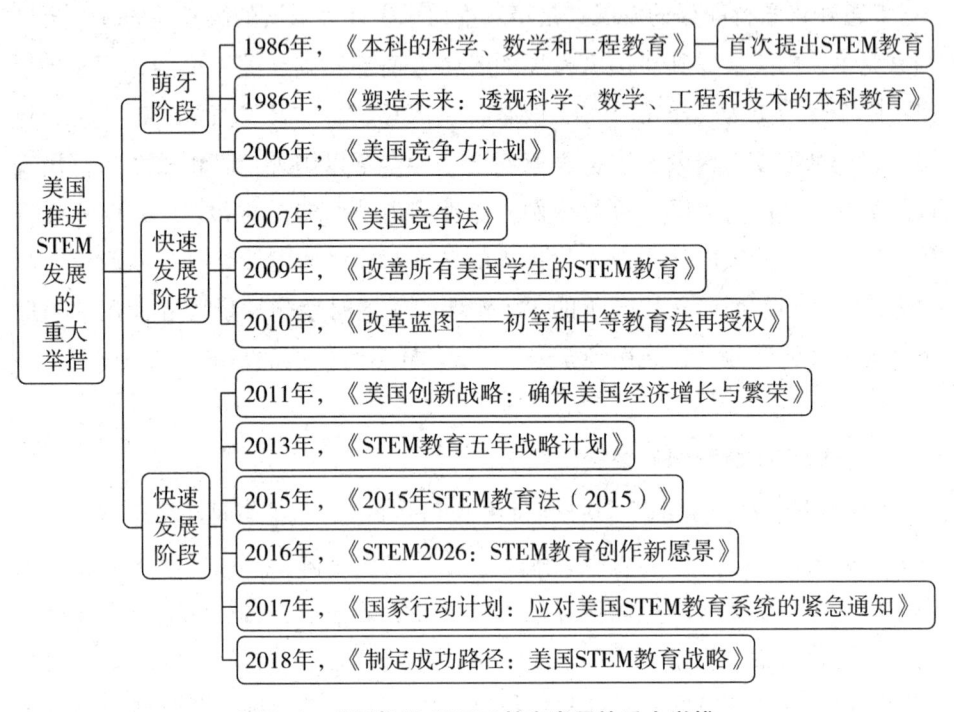

图2-1　美国推进STEM教育发展的重大举措

①1986—2006年，美国由于认识到了数学科学的重要性以及科学技术型人才的缺失，开始进行新型教育的探索，立志培养出具备科技理工素养、全面综合的复合型人才，以提升自身全球竞争力，确保美国世界霸主的地位。

1986年，NSB颁布了《本科的科学、数学和工程教育》（*Undergraduate science mathematics and engineering education*），该报告首次提出"STEM教育"，

成为全球历史上第一份关于 STEM 教育的政策性文件，美国的 STEM 教育由此开启了全面性探索。该报告充分肯定了整合学科的价值和地位，并针对 STEM 教育的发展提出了经费投入、宣传动员、各机构间协调统一等内容，夯实了 STEM 教育未来全面发展的基础。

1996 年，美国国家科学基金会（NSF）颁布了《塑造未来：透视科学、数学、工程和技术的本科教育》（*Shaping the Future Strategies for Revitalizing Undergraduate Education*），该报告制定了改善科学、数学、工程和技术的可实施战略，并针对新的教育形式和问题向社会各界提出了明确的政策建议以及行动指南，其中具体包括"培养 K-12（美国大学前义务教育阶段，详情可参照表 2-1）教育系统中 STEM 教育的师资问题"。

表 2-1 美国义务教育阶段划分

教育阶段	年级	年龄（岁）
学龄前	Pre-Kindergarten	2~3
幼儿园	Kindergarten	4~5
小学	1~6 年级（或 1~5 年级）	6~12
中学（初中）	7~9 年级（或 6~8 年级）	13~15
中学（高中）	10~12 年级	16~18

2006 年，美国政府发布了《美国竞争力计划》（*American Competitiveness Initiative*，ACI），该报告指出培养 STEM 素养的人才是经济时代的主要目标之一，也是提升全球竞争力的关键。由此，美国在 STEM 教育上加大了投资，鼓励更多的学生主修 STEM 教育的主要课程，旨在培养出科技理工素养、全面综合的复合型人才。

②2007—2010 年，美国再次发布了多项与 STEM 教育相关的法案、报告以及行动纲领，STEM 教育步入了快速发展阶段，该现象也在很大程度上反映了美国社会对 STEM 教育发展的一种共同关注趋势。

2007 年，美国参众两院一致通过了《美国创造机会以有意义地促进技术、教育和科学之卓越法》（又称作《美国竞争法》），主要涉及教育方面的内容为培养 STEM 教师、K-12 教育阶段 STEM 教师分配等以及政府加大对 STEM 教育实施计划的资金投入；NSB 发表《国家行动计划：应对美国 STEM 教育系统的紧急需要》报告，要求国家对 K-12 以及大学阶段的 STEM 教育起主导作用；美国州长协会拟定的一项题为"创新美国制定一个科学、技术、工程和数学的议程"的共同纲领，就美国实施 STEM 教育的一系列相关问题进行了详细阐述；全美教师教育大学协会提出《准备 STEM 教师全球竞争力的关键》一则，梳理了美国国内有关 STEM 教师培养的课程计划。

2009 年，NSB 发布致美国总统的一封题为《改善所有美国学生的 STEM 教育》的公开信，明确大学前的 STEM 教育是建立领导地位的基础，并且是国家最重要的任务之一；美国政府发布的《准备与激励：为了美国未来的 K-12 的 STEM 教育》报告中讨论了美国政府在构建 STEM 教育体系中的重要性。

2010 年，美国教育部发表了《改革蓝图——初等和中等教育法再授权》，将 STEM 教育划入"完整教育"体系，并创造机会增加投入促进 STEM 教育的发展。

③2011 年至今，美国实施的 STEM 教育初见成效，但与预期结果仍有差距，美国政府再次加大对 STEM 教育的投资力度，并将 STEM 教育提升到国家战略的新高度，旨在要求确保 STEM 教育获得成功，从而达到培养综合型人才的目的，促进全球竞争力的提升。

2011 年，奥巴马（Obama）推出了《美国创新战略：确保美国经济增长与繁荣》（以下简称《美国创新战略》），表明美国未来经济增长与国际竞争力取决于创新能力及加强 STEM 教育，并标志着美国把 STEM 教育提升到国家战略层面；美国国家科学院研究委员会发布题为《成功的 K-12 阶段 STEM 教育：确定科学、技术、工程和数学的有效途径》的报告，提出了三大主要目标：一是要增加未来投往 STEM 学位与职业生涯的基本人数，并适当扩充女性和少数民族的参与度；二是增加具有 STEM 能力的劳动力数量；三是增强美国所有学生的科学素养，无论是否就读与 STEM 相关的课程、从事与 STEM 相关的工作。

2013 年，美国科学技术委员会发布了《STEM 教育五年战略计划》，其中明确了两个协调战略和五个重点投资领域，为保障 STEM 教育高效发展，要加强联邦政府以及社会各界协同合作，共同解决 STEM 教育在发展阶段带来的困难。2015 年，奥巴马再次提出了《每一个学生都成功法》（ESSA）的报告，鼓励创新和加大各地方政府的投入力度，以达到STEM教育的目的；同年颁布的《2015年STEM教育法（2015）》（*STEM Education Act of* 2015）标志着将计算机科学包括在内的STEM教育被正式纳入国家法律，该法律规定与STEM教育相关的学科都被纳入国家科学基金、美国联邦能源部等机构的资助范围。

2016年，美国政府颁布《STEM2026：STEM教育创作新愿景》，该报告为美国未来STEM教育发展提出了新的愿景，绘制了未来STEM教育发展的蓝图。2017年，NSB发布的《国家行动计划：应对美国STEM教育系统的紧急通知》的报告中，再次把培养公民的创造力作为STEM教育的主要目标；同年，《美国竞争力计划：总统备忘录》再次强调了STEM教育的战略地位。

2018年12月，美国STEM教育委员会在《制定成功路径：美国STEM教育战略》的报告中，启动了"北极星计划"，该计划的目的是美国公民都终身享有高质量STEM教育，以确保STEM教育的国家战略性地位。自"北极星计划"实施以来，政府每年都发布《联邦STEM教育战略实施进展报告》。截至2020年，美国联邦政府机构共设立STEM教育项目174个，预算共计36.8亿美元。

在全球受到疫情的冲击情况下，美国STEM教育仍在升级换代，对于STEM教育的认知也在不断地加深和拓展，STEM教育不再是政府或教育部等系统内部的事情，而是与社会各界、与国家发展的各个方面都紧紧相连、密不可分，STEM教育彻底成为全球竞争力发展的核心。

（2）英国STEM教育发展路径及宏观政策

英国是世界上第一个工业化国家，作为欧洲大陆最大的经济体之一，其在经济、军事、科技等多方面的实力都不容小觑，教育实力也是名列前茅。但经济全球化带来的影响也冲击着英国在国际上的地位，在国际金融危机与欧洲债务危机的双重夹击下，英国的国际影响力与全球竞争力大大下降，为保证世界大国的地位，英国也急需加快产业革命创新，刺激经济复苏。为尽快摆脱人才缺失、产业萧条的现象，英国通过教育改革，培养复合型人才，促进科技发展和经济增长（英国推进STEM教育发展的重大举措详见图2-2）。

```
                ┌─ 2002年,《构筑成功:罗伯特评论报告》─ 首次提出STEM教育
                │
英国            ├─ 2004年,《2004—2014科学和创新投资框架》
推进            │
STEM            ├─ 2006年,《STEM项目报告》
发展的          │
重大            ├─ 2007年,提出STEAM概念
举措            │
                └─ 2017年,《建立我们的工业战略绿皮书》
```

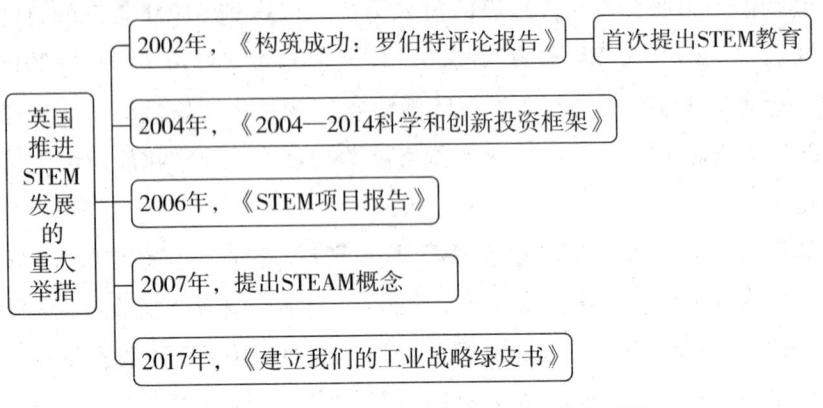

图 2-2　英国推进 STEM 教育发展的重大举措

①2002 年，英国财政部发布《构筑成功：罗伯特评论报告》报告（*Set for Success: The Report of Sir Gareth Roberts' Review*），该报告中首次出现科学、技术和工程（STE），且明确强调发展 STE 教育和技能学科才是提高国家竞争力的有效途径。由此英国开启了 STEM 教育的探索之路。

②2004 年，英国政府颁发了《2004—2014 科学和创新投资框架》（*The Science and Innovation Investment Frame Work 2004—2014*），其中规划了 STEM 教育长期发展的战略目标，明确了未来培养各实用类型人才的数量、投入的资金以及资金使用情况等多方面要求。这项制度的颁布受到了英国企业界、学术界等多方面的大力支持。

③2005 年，英国政府认识到 STEM 教育的重要地位以及 STEM 教育发展之路的不易，于 2006 年再次发布《STEM 项目报告》，呼吁社会各界人士联合开展 STEM 教育，将 STEM 教育影响力扩大化。

④2007 年，英国国家科学基金研讨会提出：应当将艺术课程融入 STEM 教育。该会议成为英国 STEAM 教育的开端。2011 年，英国国家科学技术与艺术基金会发布了题为《未来一代》（*Next Gen*）的报告，倡议将艺术类课程正式添加至 STEM 教育体系当中，强调了艺术的重要性。2014 年，英国文化学习联盟发布了《STEM+ARTS=STEAM》报告，STEAM 教育获得了英国联合政府与各界党派的支持，STEAM 教育成为英国培养综合全面型人才的国家战略方针；同年发布的《科学与数学教育的愿景》也明确了英国未来实用类教育

发展的蓝图。

⑤2017年，英国政府颁布了《建立我们的工业战略绿皮书》，认为英国发展受到制约，主要原因是缺乏具备 STEAM 教育的人才，并明确表示将 STEAM 教育提升到国家发展的战略高度。

近几年来，即便受疫情影响，英国 STEM 教育发展之路也没有停下脚步，英国政府更是对 STEM 教育的投入资金大幅提升，各院校对 STEM 教育的重视程度更上一层楼，例如，英国世界闻名的帝国理工学院（Imperial College London）、曼彻斯特大学（The University of Manchester）、爱丁堡大学（The University of Edinburgh）等都在 STEM 课程领域有着一定的研究成就。英国各界对于 STEM 教育的关注度也大幅提高，3M 公司（Minnesota Mining and Manufacturing，明尼苏达矿务及制造业，一家世界闻名的产品多元化跨国企业）的一项调查显示，在疫情前，认为科学值得提倡推广的英国人只有不到 20%，而在疫情后，这项比例上升至 73%，人民普遍认识到了实用型人才的重要性。2020年，政府批准新增 9500 个专业名额，其中 STEM 教育就占 2500 多个，足以看出英国加快 STEM 教育转型、培养复合型人才的迫切需求和决心。

（3）德国 STEM 教育发展路径及宏观政策

德国是一个高度发达的资本主义国家，也属于欧洲四大经济体之一。在逐渐形成全球经济化后，德国长期占领着"优越的工业水准和创新能力"称号。受英国、美国等大国影响，德国也意识到在面对劳动成本上升、创新能力不足、岗位缺口大等社会问题上，自身在 STEM 领域缺乏大量建设性人才，为推动经济持续稳定发展，解决复合型人才短缺的问题，德国从 STEM 教育入手，制订符合自身国情发展的教育计划——MINT 教育［在德语中 M-Mathematik（数学）、I-Informatik（计算机科学）、N-Naturwissenschaft（自然科学）和 T-Technik（技术）］（德国推进 STEM 教育发展的重大举措详见图 2-3）。

①2008年，德国政府发布了《德累斯顿决议》，文中肯定了 STEM 教育的重要性，也明确表示将 STEM 教育列为德国教育发展的重要目标。

②2009年，德国联邦联合各州教育部长联席会（KMK）颁布了《关于加强 MINT 教育的建议》，要求学校加强学生在校学习时间，同时大力发展 MINT 专业的课外学习，并提出多项促进 MINT 教育实施、发展的重要举措，

```
德国推进STEM发展的重大举措
├── 2008年,《德累斯顿决议》
├── 2009年,《关于加强MINT教育的建议》
├── 2012年,《MINT展望——MINT事业与推广指南》
└── 2019年,新的MINT行动计划:"在MINT教育中走向未来!"
```

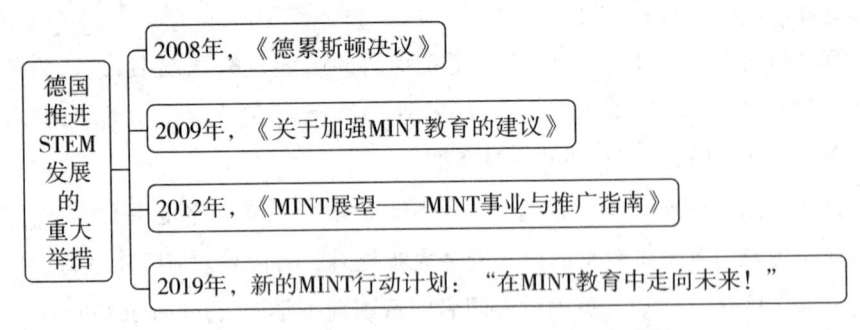

图 2-3　德国推进 STEM 教育发展的重大举措

包括但不限于培养各个阶段教师的专业素养、教育教学目标、跨机构合作等内容。

③2012 年，德国中国工程院、国家工业协会以及雇主协会共同发起的"国家 MINT 论坛"，该论坛发布了以《MINT 展望——MINT 事业与推广指南》为题的报告，旨在通过国家层面，使学术界、社会各阶层联合构建培养 MINT 教育人才的组织框架。

④2019 年，德国政府出台了新的 MINT 行动计划："在 MINT 教育中走向未来！"（MINT Aktions plan：Mit MINT in die Zukunft！）并计划到 2022 年，为该计划投资 5500 万欧元，还提出了针对青少年、女性等群体受 MINT 教育的具体措施。

德国的 STEM 教育开展得相对较晚，但在其经济和制度上给予了很大的支持。从前人的脚步中吸取了经验，以切实的职业教育为落脚点，融合、整合了社会各界的力量，构建了属于德国特色 STEM 教育体系。

（4）芬兰 STEM 教育发展路径及宏观政策

芬兰位于欧洲北部，国土面积不大、人口数量较少，但芬兰是一个经济繁荣的高度工业化国家，尤其是进入 21 世纪以后，芬兰在教育方面的表现颇为优异。芬兰在 PISA 的国际测试中蝉联 3 年世界第一，其在教育方面的成功与 STEM 教育理念和教育政策息息相关，可以说 STEM 理念在被美国正式提出后，芬兰就开始实施培养实用型、复合型人才教育计划了，并且该计划成效显著（芬兰推进 STEM 教育发展的重大举措详见图 2-4）。

```
┌──────┬─ 1996—2002年，LUMA教育计划
芬兰
推进
STEM ─┼─ 2003年，LUMA中心成立
发展
的
重大
举措  └─ 2013年，LUMA国家中心成立
```

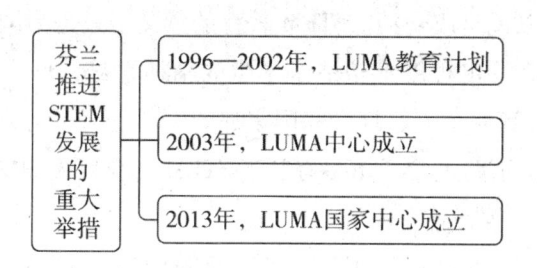

图2-4　芬兰推进STEM教育发展的重大举措

①1996—2002年，芬兰国家教育局（Finnish National Agency for Education，EDUFI）发起了名为LUMA［在芬兰语中LU-Luonnontiede（自然科学）、MA-matematiikka（数学）］的教育计划，LUMA项目旨在提高芬兰教育中的科学水平，并提升学生对科学和技术的兴趣、加强LUMA教育的实践。

②2003年，LUMA中心在赫尔辛基大学（University of Helsinki）正式成立。到2007年，芬兰在各地大学相继成立了9个LUMA中心。

③2013年，芬兰成立了LUMA国家中心。LUMA国家中心作为各大学内LUMA中心的头部组织，带领着各分支开启了一场"人人学习数学和科学"的教育行动，核心价值就是"专业共享"，其目标是包括幼儿园到大学所有层次的学生、家长以及社会各界人士和组织机构都可以参与STEM教育，尤其是为3~19岁的儿童和青少年量身打造STEM教育活动。

芬兰LUMA项目对标美国STEM计划，但与美国STEM教育不同的是，芬兰不仅仅是在科学、数学、技术和工程的学科课程上进行教育改革，还将课堂搬到了社会生活中，将课堂多元化，芬兰精心设计的以学生为中心的活动很大程度提高了学生从小对STEM学科的喜爱程度和探索兴趣。芬兰LUMA项目成功是有一定原因的，可以说芬兰教育的成功完全可以成为他国教育改革的模范对象。

根据各国STEM教育发展情况来看，STEM教育全球化已经逐步形成，随着经济社会不断进步，国家已经从军事实力、经济实力层面改为了科技实力、人才实力层面的比较。这从很大程度上表明，未来提升国家竞争力、促进经济繁荣、提高科技进步的重要措施就是提高教育水平、培养复合型人才。STEM教育的发展还不够成熟，但从已经开始改革的国家成效来看，STEM教

育在某些方面可以说是成功的。STEM 教育的意义不只是为国家培养力量，创造国家繁荣，还在一定程度上塑造了学生的精神素养，形成了科学认知的社会风气，STEM 教育对个人、社会和国家都产生了正面影响力，相信未来各国会在 STEM 教育的道路上给予更多有利于 STEM 教育发展的支持。

2. 国外 STEM 教育研究现状

纵观各国 STEM 教育发展历程，可以看出 STEM 教育战略规划的重要性。根据各国下发的相关政策以及社会研究文献可以分析出，国际 STEM 教育热点主要集中在以下 12 个方面：

（1）管道理论。小学到大学直至工作后的 STEM 从业者分流。

（2）STEM 职业。职业期望的性别差异、学业成就和学习态度与兴趣等对职业的影响等。

（3）教师教育。教师的行为、信念和效能等。

（4）学生素养。包括认知和非认知因素。

（5）职业期望。学术路径、教育社会学和性别差异等方面。

（6）元分析。学生的认识反应及 PISA 的数据分析。

（7）性别差异。关注学业成绩和学习兴趣。

（8）探究学习。探究技能、认知任务分析、高层次认知技能、科学、技术、环境与社会的联系、社会性议题等。

（9）概念模型。侧重学校有效性、学业成就的表征、建模过程等。

（10）课程开发。关注性别差异、师生关系和生生关系、自我概念和集体反思。

（11）教育决策。针对自下而上的改革、学校和社区合作、人才流失等教育政策。

（12）学业成就。对本科生的 STEM 学科成绩、坚持度、学习信念和学习行为等进行实证研究。

从中不难发现，欧美等国家之所以主要开展 STEM 教育是因为缺乏高质量科技类劳动力，为提高国家科技力、创新力双向人才素养，政府加大 STEM 教育的资金投入，鼓励并支持全民各阶层参与创新 STEM 教育，以 STEM 人才的持续性培养作为最终目标。为提高国家竞争力，尽快提升国家的创造力、科技力，面向科技、工程、技术和数学等理工科方面的研究众多，反观面向文化领域的研究相对较少。由有学者提出在 STEM 教育中加入艺术、文化方面的内容，从 STEM 教育转向 STEAM 教育，强化学生的艺术熏陶和人文底蕴可知，当代学者越来越重视学生的人文情怀和审美情趣。艺术与 STEM 教育的融合提高了学生创新意识和创新能力，有助于 STEM 学科的深入发展。但是从目前情况可以看出，国际方面还是以培养科学技术复合型人才为主，文化艺术学科如何完美地融合进 STEM 教育中成了各国 STEAM 领域需要深入研究的问题。

二、STEM 课程国内相关研究

近几年来，随着 STEM 教育不断影响教育行业，各国都认识到培养综合性全面人才尤为重要，为提升国际影响力，提高面向文化传承的 STEM 课程比例也是各国现在教育发展的主要目标之一。STEM 教育在美国已经成为一项重要的教育国策。在我国，STEM 教育概念进入教育信息化政策视野不久，我国正在积极努力探寻一条属于我国社会主义的 STEM 教育发展道路，即一种具有本土特色的 C-STEM 教育，在将中华优秀传统文化与 STEM 教育进行深度融合时，努力给予政策、资源等多方面支持，争取建立健全关于面向文化传承的 STEM 跨学科课程教育体系。

1. 我国 STEM 教育发展路径以及宏观政策

我国有关 STEM 教育的研究相对较晚。2001 年，我国科技教育领域开始陆续引入和介绍 STEM 教育。2012 年，STEM 教育的研究开始繁荣，相关的研究文献数据呈明显上升趋势。2014 年，李克强总理提出我国要形成"万众创新、人人创新"的新势态。2015 年，李克强总理考察了深圳的柴火空间，中国创客开始进入爆发式发展时期。同期，中国教育部发布了《关于"十三五"期间全面深入推进教育信息化工作的指导意见（征求意见稿）》，明确提出探索 STEAM 教育、创客教育等新教育模式，要求学习者具备较强的信息意识与创新意识。2016 年，为发展 STEM 教育，教育部印发的《教育信息化"十三五"规划》中，强调借助 STEM 教育跨学科学习，要求提升学生的信息素养和创新能力。2017 年，《义务教育小学科学课程标准》强调 STEM 教育，建议

31

教师开展形式多样的 STEM 课程。同时，教育科学研究院发布了《中国 STEM 教育白皮书》，并决定启动"中国 STEM 教育 2029 创新行动计划"。《中国 STEM 教育白皮书》作为中国教育史上关于 STEM 教育的最全面、最专业、最翔实的研究成果，详细阐述了中国发展 STEM 教育的时代和国际等背景需要，并在多年的理论研究和实践探索的基础上，深入分析了我国 STEM 教育的发展成就及问题与挑战。同时，针对我国的具体情况提出了"中国 STEM 教育 2029 创新行动计划"，明确了具体的行动方案，并全面探析了美国、英国、德国等发达国家的 STEM 教育发展现状和发展模式，对我国 STEM 教育的发展具有重要的指导和借鉴意义。

2. 我国 STEM 教育发展现状

（1）发展与成就

在当前我国人口红利的逐渐消失和创新驱动战略发展的双重背景下，经济社会对技术技能人才数量和质量的需求日益增强，加强 STEM 教育，提高人力资源开发水平，是回应经济社会新常态对人才培养诉求的重大改革方向。目前，中国 STEM 教育实践发展刚刚起步，正处在蓬勃发展阶段，为全面实施培养创新人才国家战略计划，社会各界都给予了最大支持。

①各地政府。

2015 年，深圳市发布了《深圳市中小学科技创新教育三年行动计划（2015—2017 年）》，该计划是中国第一份区域性的 STEM 教育试点文件，计划通过自主研发和择优引进相结合的方式，发展一套切合深圳中小学生需要的 STEM 课程体系，从而促进科学、科技、工程及数学课程的有机整合，同时以解决问题为导向，把握专题研习，培养学生在观察、提问和构思过程中良好的创新素质，最终促进 STEM 课程的发展。2016 年，江苏省开始 STEM 教育试点，《关于开展科技、工程、数学教育项目试点工作的通知》作为省教育厅和省科协发布的指导文件，对推进 STEM 教育试点工作和 STEM 教师培训提出了具体要求。同年，成都市也成为 STEM 教育试点地区之一，并发布了《中共成都市委教育工委成都市教育局 2016 年工作要点》，强调 STEM 教育，明确要求在中小学开展 STEM 教育，并通过教育方法改革，进一步提升学生的科学素养、创新精神和创新能力。

②社会组织。

上海 STEM 云中心在上海市科协、学会和研究会的支持下，依托华东师范大学和国内外高校、科技企业的资源，为学校提供云平台、STEM 课程研发、教学、STEM 质量评估系统等服务。云中心目前在 200 多所学校开设了 80 多门课程。柴火创客空间为学校提供创意空间解决方案和课程服务。2015 年，在柴火创客空间创新教育项目启动之际，柴火创客空间与 42 所学校签约，并计划在未来 3~5 年与数百所学校建立伙伴关系，为学生提供一个将想法变为现实的平台。鲨鱼公园是一个为年幼儿童提供的校外 STEM 教育机构。寓乐湾是一家创意教育机构，目前为 2000 多所中小学提供课内外创意教育和产品服务。目前，该类以 STEM 教育为指导理念的教育机构越来越多。

此外，还有很多积极参与 STEM 教育的民间社会组织。举例来说，中国 STEM 教育协会是一个推广 STEM 教育的非营利组织，致力于支援学校发展科学课程及协助学生发展创新能力，推动建立适合发展 STEM 科学教育的社会协调机制。中国教育学院还成立了科学与创新教育联盟，致力于借鉴发达国家的有益经验，结合中国国情，建立科学、技术、工程、艺术和数学相结合的有中国特色的 STEAM 课程和评价体系。还在不同的地方设立了许多类型的制造商协会或类似的组织。这些机构活跃在中国 STEM 教育的舞台上，并以各种方式促进中国 STEM 教育的发展。

③学术研究。

从中国知网上可以明显看出，2001—2021 年，以"STEM 教育"为关键词进行搜索可获得 5099 条相关记录。在中国，与 STEM 教育相关的研究从无到有，呈爆发式增长，表明了我国对 STEM 教育理念的认可并积极追赶相关研究的步伐。

（2）问题与挑战

中国已经注意到 STEM 教育的重要性，并出台了相关文件呼吁 STEM 教育的发展，但仍处于初步探索阶段，相比其他教育发达国家，中国的 STEM 教育在重视程度、基本理念转变，系统规划、经费投入、资源整合等诸多方面还存在较大差距。尤其是 STEM 教育在中国大地上落地生根，还需要面对本土化的问题。面对未来社会严重的挑战，中国在 STEM 教育方面的变革还有很长的路要走，还有很深的空间可以挖掘（详见图2-5）。

图2-5 中国STEM教育面临的挑战

①师资力量薄弱。

造成这一弱点的原因有两个：一是教师的教学观念仍然比较传统，具有综合能力教学的教师人数较少；二是相关的教师培训机构仍然没有开设相关课程。中国高等学校以学科的方式培养教师，而师范类院校没有技术工程专业。因此，STEM教育在进入学校时面临的最大问题是STEM教师缺乏，特别是技术工程教师。一些学校目前拥有非教师博士学位，其中一些是技术工程，他们在STEM教育方面做得很好。但这些教师面临着技术性虽强却不熟悉课程设计和教学理论的问题。因此，STEM课程的自主开发和STEM课程的实施仍然是一个巨大的挑战。

②社会联动机制不健全。

社区和企业在美国的教育体系中发挥着重要作用。政府部门与社区和企业相互合作、相互促进，推广发展学生综合能力的教育理念，社区和学校之间在地理位置和概念层面上基本没有"围墙"。但我国对社区的界定不够明确，社区的功能有限，并且企业对教育的影响较小。虽然目前中国形成了一些联盟机构，但是较为松散，无法形成全社会的合力，导致力量性较小，质量良莠不齐。

③缺乏标准与评估机制。

STEM教育是一种面向年轻人的教育，也是一种学校教育，因此，什么样的课程可以进入学校，预期取得什么样的成果，STEM教育方案是否取得了预期的成果，最终培训的STEM人才的数量是否符合国家的发展需要，高等教育和基础教育应该按照标准和评估做些什么？只有制定一系列相关制度体系，我们才能确保STEM教育有效和健康发展，而不会杂草丛生，鱼龙混杂。目前，国内应试教育的评估标准为成绩，但STEM教育并没有相应的标准和评估机制，以成果为导向的家长难以在短期内全面改善STEM教育对子女的影响。STEM教育还处于初级发展阶段，尚未建立相应的标准和评价机制。中国STEM教育亟待改进。

④缺少打通学段的整体设计。

STEM教育作为一种人才培养策略，需要根据未来人才的需要，考虑人才的全面培养，才能取得真正的成效。根据不同年龄群体的身心发展特点，人才的成长得从小到大，一以贯之，要提供最适宜的内容和方式，确保人才培养目标的连续性，内容、技能和方法的叠加性，而不是教育的碎片化。目前，我国STEM教育还没有形成一个完整、系统的规划，各学科的内容和目标也没有相互衔接。虽然小学的科学教育设有STEM教育的内容设计，但初级中学和高中均没有连续性课程。由于对STEM教育的理解不同，STEM教育的实施是多种多样的，没有标准，也没有系统。高等教育和基础教育之间更没有联系，职业教育和高等教育之间也没有联系，基础教育和职业教育之间没有联系。如此凌乱的STEM教育内容不利于系统化人才培养和叠加效应的产生。因此，STEM教育应该在整个教学过程中进行系统的、整体的设计。

⑤缺少国家级示范引领项目。

目前，中国国家主办的科技活动和项目主要有全国青少年创新大赛、全国未来工程师博览与竞赛，以及一些科技体育项目和机器人比赛。这些项目在一定程度上丰富了学生的科技活动，起到了创新思想、促进实践的作用。但这些项目是由不同的部门组织的，并没有形成一个整体。作为国家战略的

STEM 教育，有必要设计一些国家发起的示范项目，以促进在全国范围内有效实施 STEM 教育。这些示范项目不仅仅局限于竞赛活动，还应该包括课程开发、教师培训等方面，从而形成一个系统。

⑥缺少国家战略高度的顶层设计。

目前，中国 STEM 教育仅在教育部信息文件中提及，远远不能与 STEM 教育在国家发展中的重要性相匹配。中国的《国家创新驱动发展战略纲要》提到了要在 2020 年成为创新型国家的目标。目前，我国在全球竞争力中排第 28 名。在所有指标中，我们的排名较低：技术准备程度排第 74 名，高等教育和培训程度排第 54 名，创新程度排第 30 名。中国在全球创新指数中排第 25 名。《中国制造 2025 计划》已进入实施阶段。教育部、人力资源和社会保障部和中华人民共和国工业和信息化部联合出版了《制造业人才发展规划指南》。预计到 2025 年，中国新一代信息技术产业的人才缺口将达到 950 万人，高端数控机床和机器人产业的人才缺口将达到 450 万人，动力设备产业的人才缺口将达到 905 万人，新材料产业的人才缺口将达到 400 万人，节能和新能源汽车产业的人才缺口将达到 103 万人。

STEM 教育对我国建设创新型国家和制造业 2025 年规划具有重要意义，必须将其提升到国家层面，不能仅仅把 STEM 教育作为一种内在的教育理念和教育方法。目前，在国家层面缺乏顶级设计，必须站在国家战略层面，从产业发展、人才需求和人才培养 3 个角度来看待这一问题，整合全社会的资源，促进 STEM 教育的发展。

这些问题在一定程度上说明了中国 STEM 教育的战略意义还不够深远。我们要着眼当前，同时展望未来，瞄准未来社会的快速变化，树立危机感和焦虑感，以推进规划，引领 STEM 教育的发展。STEM 教育是未来教育的重要发展方向，培养学生的科学素养、创新意识和实践能力，为培养创新型人才奠定基础，给中国的教育带来崭新的希望，为新时代的中国注入新的动力。

3. 中国 STEM 教育白皮书——2029 创新行动计划

为推动我国 STEM 教育的健康持续发展，加强教育改革与国家创新驱动发展战略的结合，充分发挥国家教育智库的前瞻智慧与广泛影响，中国教育科学研究院协同各方有志者和有识者，提出"中国 STEM 教育 2029 创新行动计划"。以服务国家创新驱动发展战略为宗旨，坚持"协同、合作、开放、包容、创新"的原则，整合全社会资源，建立由政府部门、科研机构、高新企业、社区和学校相融合的中国STEM教育生态系统，打造涵盖全国的STEM教育示范基地，培养一大批国家发展急需的创新人才和高水平技能人才，"中国STEM教育2029创新行动计划"提出了以下七个方面的工作内容：

(1) 促进STEM教育政策顶层设计

STEM教育是培养创新人才的一个重要途径，对国家未来的发展具有不可忽视的重要作用，因此在国家层面进行相应的顶层设计甚为关键。以美国为例，近30年来，美国政府连续发布多项关于发展STEM教育的指导性文件，并在资金保障、社会参与、项目设计等方面给予了大力支持，培养了大批STEM教育方面的人才，为美国经济发展做出了重要贡献。目前，创新驱动已经成为我国的一个重大战略，"中国STEM教育2029创新行动计划"行动组愿与社会各界一道，推动STEM教育政策的顶层设计，助力这一战略的全面实施。

(2) 实施STEM人才培养畅通计划

培养科技创新人才是一项系统的、长期的工程。要按照国情的总体布局，促进教育各阶段的连贯性以及与各学校的合作，突出重点，抓住关键，有序开展。只有构建良好的STEM人才培养体系，才能实现国家人才建设的可持续发展。因此，我们应培养学生学习STEM的兴趣，为他们深入学习STEM奠定必要的基础，引导专科学校的学生树立工匠精神，加强STEM技能培训。鼓励大学生积极参与到STEM领域中，提升他们在科技创新、就业和创业方面的能力。同时，要完善STEM教育的教学体系，促进STEM教育各阶段的有效衔接，开放学生成长的交汇点，疏通学生的学习渠道，整合学生的学习内容。此外，我们将进一步优化STEM教育活动，使其更具吸引力、科学性和教育性，以确保每个学生都能参与STEM活动。

(3) 建设资源整合和师资培养平台

STEM教育以促进跨学科的方法，解决现实世界的挑战，清除学科之间的障碍，并使学生获得多学科解决问题的经验。为实现这个目标，我们需要加强培训具有跨学科背景的教师，特别是在STEM教育方面较为落后的地区和群体的师资培训，并协助教师汲取STEM跨学科教学的经验，提高他们对科学、数学、科技和工程本质的认识和科学素养，以及倡导教师把STEM教育融入科目教学。行动组将建立一个专业教师培训平台，以吸引全国高校和地区教师培训机构加入，并共同创建一个STEM教师培训高地。

（4）建立STEM课程标准与评价体系

在课程方面，STEM教育代表了课程组织方式的一个重大变化。目前，中小学课程模式中应用最广泛的是学科分开教学模式。然而，为了让学生为将来的职业生涯做好准备，他们必须超越自己的学科范围进行思考。因此，STEM教育的课程设计应采用集科学、技术、工程、数学于一体的综合课程设计模式，强调知识的运用与学科之间的关系。在STEM教育中，学生需要不断地评估自己的兴趣、经验和才能，通过基于现实的项目深入和广泛地应用跨学科知识与技能。评价过程要改变以往单一的结果导向方式，强调多元评价主体、形成性评价、面向学习过程的评价，由学生本人、同伴、教师对学生学习过程的态度、兴趣、参与程度、任务完成情况以及学习过程中形成的作品等进行评估。

（5）努力打造一体化STEM教育创新生态系统

STEM教育的经济投入、媒体宣传和多方参与是其可持续发展的基础，也是吸引学生的重要保障。行动组愿联合政府、学校、高新企业、社会组织等多方面力量共同协作，建立基于地区特色的STEM教育实践社区。同时，我们倡议博物馆、青少年宫、科技馆等社会机构积极开放空间，成为STEM教育非正式学习的组成部分；我们也倡议媒体加强STEM教育的宣传报道，推动形成全社会重视的STEM教育环境，构建一体化STEM教育创新生态系统。

（6）打造服务经济发展的教育与人才战略高地

在美国，STEM教育计划的实施是政府、国会、企业和社会团体以及公众的共同努力，系统工程显示出高度的战略重视和大量的财政投资，以及多部门协调行动和其他特点。STEM教育的核心目标是为国家培养高素质的劳动力，为国家的经济发展服务。因此，行动组将充分调动全社会积极参与，放低门槛，鼓励制造型企业、社会团体等多元主体都能够以产学研、战略联盟、联合基地等模式参与到STEM教育中来。探索一套"政府主导、企业运营、院校实施"的 STEM 教育模式,进一步将创新人才培养和工程技术教育、创新创业教育纳入国家科技管理平台的工作框架,统筹人才、科技和教育等方面工作,组织开展面向未来的 STEM 教育发展规划和路线图设计。

(7) 推广 STEM 教育成功模式

因为,STEM 教育对一个国家的国际竞争力、经济发展水平以及国民素质提升都有着重要的意义,这一切需要通过 STEM 教育的顺利开展来完成。所以,STEM 教育成功模式的推广具有广泛的应用前景。目前,STEM 教育存在验证型、探究型、制造型、设计型和创造型等几种类型,是应用和推广的常见类型,但若从中间过程考虑,验证、探究、制造、设计和创造是有可能交替出现的,所以教师在借鉴 STEM 教育类型的相关经验时需要围绕目标进行,从学生的自身特点、具体学习环境等因素出发进行灵活选择和综合应用,使 STEM 教育的效果达到最佳或者开发出新的 STEM 教育方式。同时,行动组将持续关注各地区 STEM 教育实践的开展,分享优秀实践案例,提供 STEM 教育的相关资源,支持更多群体参与到 STEM 教育中。我们将成立 STEM 教育专家委员会,引入一流的专家指导力量,定期或不定期地组织专题培训、项目研讨、实地指导等活动,保证实践探索的良性持续发展。进一步扩大 STEM 教育的试点范围,增加社会参与路径,加大宣传力度和资金投入,将 STEM 教育与学校改革、创客教育实践社区等结合起来,促进 STEM 教育在更大范围获得成功。另外,还需要思考 STEM 教育的推广和规模化,增加社会参与路径、加大宣传力度和资金投入,将 STEM 教育和国家课程的实施、创客教育、社区实践等方面结合起来,提升 STEM 教育的参与性、共享性和普及性。

探索以文化传承为导向的 STEM 教育,应始终以我国的教育背景为前提,以国外优秀项目为辅助方向,从中小学教育入手,不断探索最适合我国教育情况的 STEAM 战略,明确我国 STEAM 教育的方向。政府应加大教育投资,为 STEAM 的健康发展创造条件,政策应鼓励中小学开办更多科技创新课程,增加 STEAM 领域的学习小组,让年轻一代提高科学、工程、技术、数学和文化素养等。目前,我国 STEAM 实践课程大多是直接模仿、采购和翻译外语课程。这使许多一线教师在实施教学过程中实施非现实的学科教学,与学生之间的知识交流脱轨,教学效果往往不尽如人意。

教育从来都不是一蹴而就的事情，引进一些新的教育资源往往需要评估它带来的价值。此外，在宏观层面上，STEAM教育的理论和实践需要认真阅读：在理论方面，广泛参考国外有关报道，研究其介绍和解释，深入探索国外经验；在实践方面，对于中国一些地方学校，要掌握总体的宏观体系规划和具体的实施方案。

三、STEM教育热点研究主题

国际STEM教育研究的热点领域集中在以STEM人才培养为导向的各类学习环境构建和测评方面，涉及校内外环境的社会、心理和物理等不同维度，已在第一节有所介绍，本节将重点分析职业期望、教育公平和学习过程三个主题。

1. STEM职业期望

职业期望是在一定的世界观、人生观和价值观指导下，对未来职业和发展目标的想象和规划。STEM职业期望，即学生对科学、技术、工程和数学相关工作的未来愿望和期望。研究表明，城乡教师的质量对中学生的STEM职业期望有积极的预测作用。城市学生对STEM的职业期望明显高于农村学生。也有研究表明，家庭、学校、个人、教师和社会都会影响学生对STEM的职业期望；学生的性别、内部兴趣、外部经验和自我效能感是影响学生对STEM职业期望的重要因素。国内研究发现，在英国青少年中STEM的职业期望存在明显的性别差异，男孩比女孩更有可能选择科学领域的职业。

2. STEM教育公平

为了在STEM探究式学习中体现教育公平的理念，美国大湖区司法中心提出了"STEM课程考虑"的概念。基于对STEM教育在不同阶段的探究式学习的有效元素的解释，该中心概述了在每个阶段反映教育公平的考虑。其中，"有效的STEM教学要素"是指STEM课堂中探究式学习的关键步骤，"公平的预防措施"是指教师根据教育公平的理念对STEM课堂中探究式学习的建议。教育公平延伸到STEM教育的整个研究性学习过程，包括准备、发展和综合。

（1）准备阶段：关注学生的差异性

在准备阶段，教师应指导学生进行探究式学习实施前的热身活动，其中包含两个步骤。一是激发学生的学习动机和指导学生初步设计 STEM 项目。二是探究式学习的准备阶段，强调探究的动机应基于学生的个人兴趣、当地社会问题、环境问题和社会价值观。教师需要充分了解学生的家庭和文化背景，提供与学生背景相同的项目清单来激励他们，并根据他们的努力并非最终的结果来评价最初的想法。

根据学生的兴趣激发他们的积极性，有利于引导学生有效地探索 STEM 项目。在 STEM 教学课堂上，教师可以通过重点问题、冲突事件、对热点问题的简单预测以及与以前学过的相关课程的联系，激发学生的学习动机。

现阶段，体现教育公平理念的措施主要有以下方面。第一，教师根据学生的个人兴趣、当地的社会环境问题和社会价值观念进行探究性学习。例如，教师可以将某一社会热点或当地事件与所学的课程内容联系起来，引导学生进行探索。第二，教师要充分了解学生及其家庭环境，与家长深入合作，了解学生学习困难的原因，充分调动学生的积极性。第三，教师必须以身作则激励学生，尤其是来自弱势群体的学生。例如，他们应该与学生分享少数民族、残疾人和妇女在 STEM 领域的成功例子，以建立弱势学生在 STEM 领域取得成功的信心。第四，教师应根据学生的动机差异采取相应的策略来刺激学生，使教学能够满足学生的需要。例如，有些学生选择学习理工科是出于兴趣，教师要鼓励他们学习这个学科；有些学生选择学习理工科是为了找一份好工作，改善家庭经济状况，教师在教学中应注意将学科知识与实际应用相结合。

在激发学生产生学习动力后，教师应分享与 STEM 项目有关的学习材料，引导学生确定探究性学习课题，让学生形成初步实施 STEM 项目的想法，讨论并记录初步想法，并根据科学或数学猜测预测研究结果。

在此阶段中，可参考以下措施体现教育的公平理念。第一，每个学生都有不同的起点和学习基础。教师除了关注学生的研究性学习成果外，还应该关注学生最初的想法和努力，对成果评估和过程评估给予同等重视。即使学习困难的学生的最终成绩没有达到要求，只要他们努力学习，教师就应给予积极评价。第二，创造多种对话的机会和模式，如小组讨论、合作、演讲和评估，并鼓励所有学生积极参与。第三，引导学生明确使用的证据和推论，了解探究工具的应用原理，从而总结出规律，为下一阶段的探究学习提供清晰可靠的经验。

（2）开展阶段：侧重多元化的学习过程

探究性学习应注重学习过程的实施和教学过程的公正性。探究性学习的发展包括学生在探究过程中的智力参与，科学、数学讨论和意义建构。探究性学习的发展阶段强调，为教师和学生的参与创造一个"安全空间"，并强调弱势学生对探究性学习的贡献。对所有学生的期望值高，对性别问题敏感的不同教学策略，以及在学科教学中使用多种语言（官方语言和母语）的教学活动。既有共同的要求，又有非歧视性的期望，还有多样化的学习方法和方向，更有利于在教育公平的指导下开展探究性学习活动。

STEM教育鼓励学生在探究式学习过程中内化知识，加深对重要概念的理解。教师引导学生在STEM课堂上提出有意义的问题，并在证明和解决问题的过程中形成新的想法。教师在调查后介绍关键项目术语，规范和提升学生的学术思维，引导学生实现探究性学习的目标。

该阶段下，体现教育公平理念的措施包括以下几个方面。第一，通过关注学校和课堂的积极氛围，为学生创造一个参与探究性学习的"安全空间"，作为一个安全、舒适的学习场所。第二，明显感觉到学生的能力在不断地、不同程度地发展，增强了他们对STEM学习的积极性和信心。第三，在STEM教学中，要重视弱势学生对探究性学习的贡献，鼓励他们积极参与探究性学习活动，发挥他们自身的价值，如在小组中发挥特殊作用或明确分工。第四，不分民族、性别、国籍、能力等差异，对所有学生保持同高度水平要求、高期望值，以增强学生的存在感和获得感。

科学和数学是STEM教育的核心。教师应倡导探究是一个知识积累的过程，并帮助学生通过相互讨论想法和问题来理解概念。我们鼓励学生以探究式学习中发现的问题、数据和文件的形式撰写研究论文，这样他们就可以选择自己感兴趣的观点进行进一步研究。教师引导学生在科学和数学方面的探索中纠正数据，并将其作为证据进行交流、制作和评论。

该阶段，体现教育公平理念的措施有三个。首先，教师应认识到科学术语不是文化中立的，它不属于任何文化，它本身就是一种独特的文化。其次，教师应注意男女互动的差异，鼓励男生多解释概念，鼓励女生多提问；反思是否存在对女性的隐性偏见，以确保所有学生有平等的提问和讨论机会。最后，教师利用双语教学，用两种（或更多）语言开展教学活动，为非官方语言和不同民族语言的使用创造空间，尊重语言和文化的多样性，增强少数民族学生的归属感。

教师鼓励学生从研究数据和重点科学、数学思想中得出重要结论，并能够熟练地使用提问、提示和解释等方法，来讨论、分析和评价学生、教师和其他人的想法。此种情况下，体现教育公平理念的措施包括以下几个。第一，教师接受学生之间的差异，承认学生对某一问题的看法和意见往往是基于他们自己的社会、文化和知识背景。由于文化背景和现有知识的多样性，教师应该能够欣赏和接受学习成果的多样性。第二，教师要认识到，创造、解释、证明和表达数学概念、参数、思想和模型的方法很多，同一个数学问题可以用不同的方法解决；通过不同的探究方式，可以认识和鼓励学生在学习过程中解决相同的问题，培养学生的批判性思维和创新精神。第三，教师应严格考虑数据的收集、分析和表达方法，客观分析不同方法在学生群体中的适用性。

（3）总结阶段：强化与社区公平问题的联系

基于研究学习的综合阶段侧重于为弱势群体提供机会，鼓励他们将STEM实践与他们自身的特点、能力和社会联系起来，并参与到持续的社会和环境公平活动中，以促进教育公平。

3. STEM学习过程

STEM字面上代表了科学、技术、工程和数学四个独立的学科，但它是一个有机的整体，也是世界上最流行的STEM学习过程，即跨学科和基于项目的学习（PBL）。有些人会简单地将STEM理解为科学和工程学习，或机器人、3D打印、编程等。STEM旨在使学生能够参与基于活动、项目和问题解决的科学活动，提供真实的社会背景或情境体验，并强调学生创造性地设计、构建、发现，在人工操作和综合应用科学、技术、工程和数学知识与技能的过程中，合作解决问题。因此，STEM 的学习过程是复杂的、非线性的、多维度的学科和多样化的环境，具有独特的学习特点、现代技术和各种学习项目的科学实践活动。

创建行而有效的 STEM 教育学习过程，可以采用下面的六步操作法：

聚焦（Focus）——选择要回答的议题或要解决的难题（必须明确该问题与所选择的 STEM 和 Arts 内容领域的关系）。

细节（Detail）——寻找导致问题产生的因素（包括学生需要解决问题的许多关键背景信息，技能或过程）。

发现（Discovery）——此步骤强调"主动探究和有目的的教学"，让学生"研究当前的解决方案以及在现有解决方案中无效的内容"。

运用（Application）——这就是有趣的地方，学生在深入研究问题并分析当前的解决方案以及仍然需要解决的问题之后，可以针对此问题提出自己的解决方案。

展示（Presentation）——学生展示自己作品的时间，除了培养演讲技巧外，这也是获得反馈和给出/接收评价的重要机会。

链接（Link）——这是 STEM 学习过程的最后一环，学生可以根据反馈对自己的操作过程和采用的方式进行反思，基于这种反思，学生可以根据需要修改他们的工作，并提出更好的解决方案。

第三章

STEM 课程开发

STEM 课程设计是推动 STEM 教育发展的坚实基础。优秀的课程教学模式有助于教师提高自身教学水平，在为学生传递知识的同时充实自身知识的纵向深度，也有利于学生更好地接受教师教授的内容。课程设计是体现教学水平的一个重要指标，最终教育环节中的传授者与接受者是否能互相成就、体会到教育的重要性，全要依靠课程设计是否合理。

一、课程设计理念及理论基础

在设计任何一种教学模式时，都需要以一定的理论基础为其做指导思想，STEM 课程的指导思想更要以国家教育实际发展情况为准。STEM 教育的性质决定了 STEM 课程的复杂性，在设计 STEM 课程的问题上，其理论基础要遵循 STEM 教育理念，课程要达到因地适宜的效果。在教育学发展史上，不少教育学者研究和实践总结出了流传甚广的教育理论，在此主要以代表性强的教育理论作为面向传承文化的 STEM 课程设计的理论基础，随着 STEM 教育的不断发展，相信未来还会有更多适合 STEM 教育发展的理论竞相出现。

1. 课程设计理念

（1）工具性与人文性相统一

在设计文化课程时，要求教师不能带有文化工具性很强的目的进行课程设计，文化课程的目标之一就是宣扬国家优秀传统文化，提升学生认识本国文化水平以及加深学生对国家优秀传统文化的认同感与自豪感，进而产生对国家的归属感。要求工具性与人文性相统一的原则规定了教师在进行课程设计时，要以引导学生主动认识和学习文化知识为主，不能以成绩、获取能力等强硬结果作为评价目标。STEM教育理念要求课程在设计时,以学生为主体,所以教师在课程设计的过程中,要注意基础比较薄弱的同学,通过课程设计、积极引导、因材施教,激发学生对课程的学习兴趣,让学生主动发挥自主学习的积极性。例如,中国优秀传统文化源远流长、博大精深,学生对传统文化的学习不是一节课、一个学期一蹴而就的。课程设计遵循工具性和人文性相统一的原则,既能实现STEM教育理念,发挥学生自主能动性,也能实现传统文化的教育目的。

(2) 学科性与整体性相协调

优秀传统文化经过岁月的打磨、时间的沉淀,是国家劳动人民智慧的结晶,其中蕴含的哲学道理、生活的技能以及休闲娱乐的故事和活动都涉及很多现代科学内容,优秀传统文化涵盖的知识面非常广。所以,在进行优秀传统文化的STEM课程时,要尽可能地选择最贴近学生生活、学生最容易理解和接受的传统文化作为切入口,让学生从易到难地慢慢打开通往浩瀚传统文化的世界大门。因为传统文化涉及内容广,所以STEM课程设计要挑选适合的切入口进入课程,并且选择合适的、可相融的学科作为跨学科课程内容。例如,我国传统文化代表之一——扎染技术,扎染技术中的美学、化学方面的知识,学生可以直接感观,但是扎染技术中还涉及矿物染色方面等更深层的知识,对于初步接触扎染文化的学生可能就稍微欠缺魅力,且容易造成学生思维混乱,产生知识内容点状化、难以形成体系等系列问题,最终STEM课程效果就不太理想。在STEM课程中注意学科性和整体性基调基本一致,保持内容相统一,能体现整个课程的协调性,更帮助学生接受相关系列知识,形成统一的知识体系。

(3) 梯度性与连贯性相结合

学生身心发展特点具有阶段性和不平衡性。优秀传统文化主题的课程设计要尊重学生身心发展的特点,循序渐进,STEM教育理念也是要求尊重学生主体,根据不同阶段的学生特点,抓住关键期,确保课程内容的梯度性和渐进性。在整体STEM课程设计上,要以低—中—难的程度将项目/任务分级,在必要的阶段给予不同程度的学生适当的引导和帮助,学生也会产生闯关心理,提高对课程的兴趣,提升参与项目/任务的积极性,更好地完成课程目标。与此同时，课前以及课后的工作也要具有连贯性，可以更有效率地让学生把握课程内容；课程与课程之间的设计也要在结构上具有延续性，让学生可以构建自己的知识体系。另外，要注意，文化知识的课程要符合国情，不能与国家统一课程脱节，脱离社会认知，否则会让学生生活中与学校里的知识体系互相碰撞，不能正确地认识生活的社会文化。

（4）拓展性与探究性相发展

拓展性是使知识横向延伸，将一个个独立的知识通过拓展变成一个"知识群"，形成一定的广度；探究性是指知识纵向挖掘，将简易的知识深入研究，掌握其中更深层次的奥秘形成一定的深度。拓展性与探究性相辅相成，满足学生对不同学习程度的需求，开发和培育学生的潜能和特长，培养学生的自我认知和自我选择能力。STEM教育更注重学生在实践的过程中自主地发现并解决问题，学生自身发展的特点使学生本身的兴趣和潜能各不相同，适当地开发课程内容，引导学生对知识的拓展与探究，培养学生的创新思维和创新能力，以便学生更全面地理解和掌握相关知识。

（5）民族性与时代性相适应

以中国为例，我国是一个以汉族为主体、56个民族共同组成的统一的多民族国家，我国优秀传统文化含有各个民族地区的优秀传统文化。纵观世界四大文明古国，华夏文明得以延续和发展，这完全得益于中国传统文化的智慧。文化不属于某个民族，而是依附于国家得以发展。学习传统文化是一种文化的传承与弘扬，各个国家地区也都有不同的民族文化。这要求在面向文化传承的STEM课程时要体现独具民族特色的民族特性。文化不只属于国家，还属于世界，属于过去，属于未来。文化一直在历史的长河中，也一直在身边的空气中，随着时代的变迁，万事万物都有新的发展，文化也亦然，随时保持着发展。保持传统文化的时代性，赋予传统文化新的时代内涵，让学生也体会到传统文化的继承与创新，学会用发展的眼光感悟传统文化，体会文化蕴含的哲理。

STEM课程设计应遵循的原则在符合社会课程设计的情况下，还应符合各学校的发展情况。因STEM课程尊重学生个性发展的特点，学校或者社会应对学生的发展进行详细的了解，在此基础上设计课程，更容易让学生理解和接受。STEM教育是为了让学生自主产生对知识的渴望，从而激发学生对知识的主观能动性，保持进入社会以后一直学习的心态，提升实际解决问题的能力。

2. 课程设计理论基础

（1）建构主义理论

建构主义理论（Constructivist theory）强调知识是学习者在与社会互动的过程中不断建构和生成的教育理念，是目前教育界都普遍认可的一种教育理念。

建构主义理论主要体现在三点（详见图3-1建构主义理论观点）：一是建构主义知识观，该观点主要认为知识是客观世界的假设和解释，学习知识属于学习者主动完成的意义建构，并指出知识是动态发展的；二是建构主义学习观，其重视学习者的已有经验，强调学习过程中的社会互动性，并主张应将学习置于情境中；三是建构主义教育观，建构主义教育观认为学生是学习的主体，教学过程中应引导学生在情境中建构知识，认为建立协商合作的学习氛围更有利于学生主动建构。

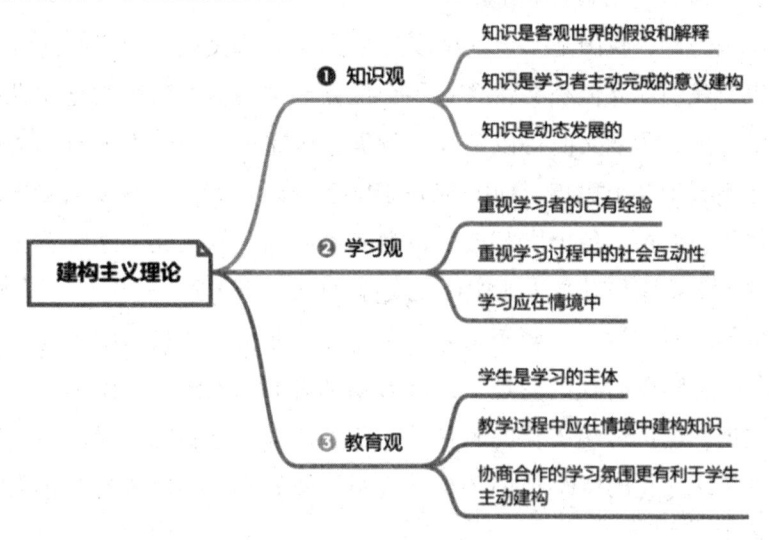

图 3-1　建构主义理论观点

建构主义理论强调学习者在教育中的重要性、以学生为主体等一系列观点都符合STEM教育理念，可以说STEM教育是一种典型的建构主义教学实践。STEM教育注重学习的情境性，认为学生是课堂活动的主体，学生通过实验、任务等实践活动认识问题、解决问题，最终实现STEM知识的掌握。因此，面向传承文化的STEM课程设计要以建构主义理论作为指导方向，符合建构主义理论的观点，才能更好地实现STEM教育理念，达到预期效果。

（2）教育生态学

教育生态学是一种运用生态学方法研究教育与人发展规律的观点，该观点认为学习者的受教育环境并非只有直接接触环境，还存在一些更大的情境影响着学习者的发展（详见图3-2）。

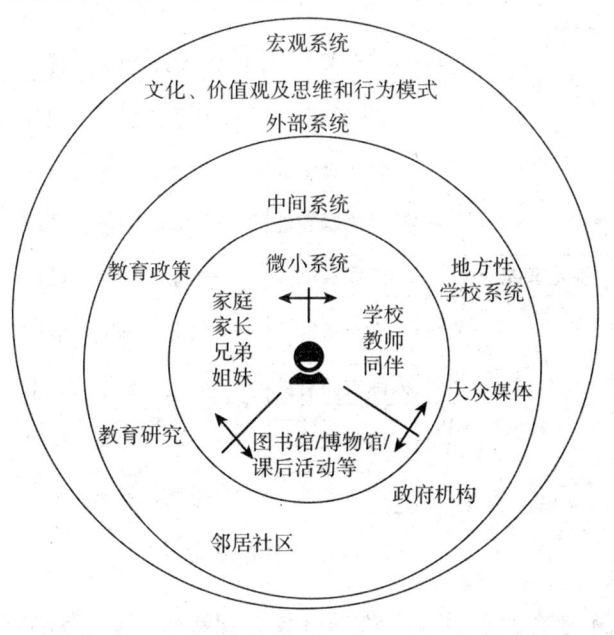

图3-2 教育生态学系统

教育生态学通过建立多方面学习环境对学习者的教育产生影响，让学习者从宏观至微观系统中都能感受到教育的存在，真实地将教育融入社会生活实践，也让学习者从无形的教育中学习到各种杂糅的知识，可以说是STEM教育系统扩大版的教育体系。

（3）多元智能理论

多元智能理论（Theory of Multiple Intelligences，MI）认为人类思维和认识的方式是多元的，不能以单一的智力定义反映一个人的真实能力，该理论是一种全新的人类智能结构理论。

随着多元智能理论的深入研究，对于目前人类智能分类共有 9 项（详见图 3-3），其中包括存在智能、自然智能、身体运动智能、数学逻辑智能、空间智能、音乐智能、人际关系智能、内省智能、语言智能。多元智能理论的教育理念主要是倡导全面的、多样化的人才观，倡导弹性的、多因素组合的智力观，倡导积极的、平等的学生观，倡导个性化的因材施教的教学观，倡导多种多样的、以评价促发展的评价观，倡导未来学校向评估专家、学生课程代理人、社区代理人方向发展。

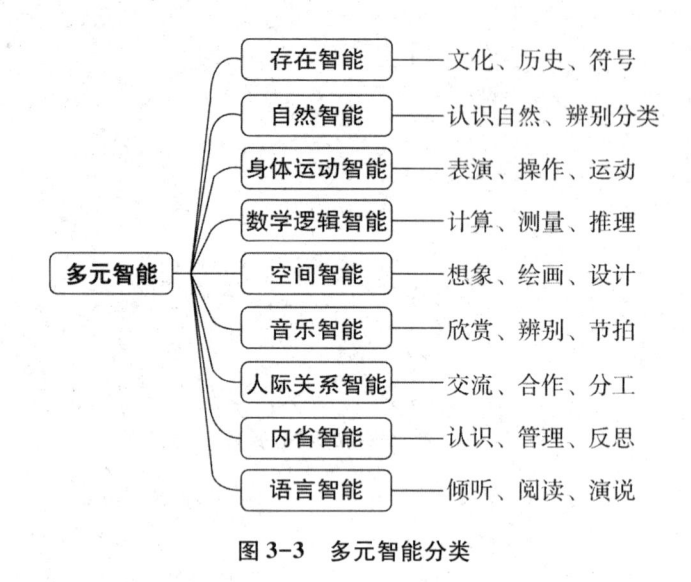

多元智能		
	存在智能	文化、历史、符号
	自然智能	认识自然、辨别分类
	身体运动智能	表演、操作、运动
	数学逻辑智能	计算、测量、推理
	空间智能	想象、绘画、设计
	音乐智能	欣赏、辨别、节拍
	人际关系智能	交流、合作、分工
	内省智能	认识、管理、反思
	语言智能	倾听、阅读、演说

图 3-3 多元智能分类

因为 STEM 教育的本质就是跨学科整合课程，所以在课程设计上可以借鉴多元智能理论，将面向传承文化的 STEM 素养分解到不同的模块中，在不同的模块中培养学生多元智能发展，体现学生在传统文化的认知、学习、制作等方面发挥出的不同特长，更有利于扩大传统文化传播面，以及传统文化不同方面的深入研究。

(4) STEM-SOS 教学模式

STEM-SOS 教学模式（STEM Students on the Stage）即 "STEM 学生登台秀"，是美国哈莫尼公立学校创立的一种新颖的教学模式。其本质是一个严谨的、跨学科的、注重标准的教学模式，是教师引导的、以学生为中心的，并通过一系列的探究项目来引导的 STEM 教学模式。

STEM-SOS 教学模式（详见图 3-4）按照难易程度把项目分成三个水平级别：level1、level2、level3。课程规定必须通过前一级项目测试后才能进行下一级项目，level1 项目难度相对较小，时间较短，培养的目的是让学生初步认识课程内容与掌握技术技能，为后两个难度较高的项目做基础。level2 项目和 level3 项目因难度系数较高，设置有跨学科整合性的特点，所以在通过项目时间上也较为宽裕，其跨度可长至 1 年。

阶梯渐进式的教学模式对学生的要求和实践时间是依据项目的难易程度制定的，教师角色也会随之改变，在学生不忽视老师的必要指导下，尽可能地在不同的项目上充分调动学生的主观能动性。并在每一级别项目完成后，以鼓励学生为目的及时进行登台秀的展示活动，提高学生的积极性与探索兴趣。面对学生兴趣、能力等方面的不同，文化主题 STEM 课程在设计方面也应适当汲取 STEM-SOS 教育模式的理念，而非以偏概全地硬性要求学生全部在同一时间内完成任务重、活动难的项目，并在项目结束后积极主动地鼓励学生，为学生举办项目完成的展示活动。

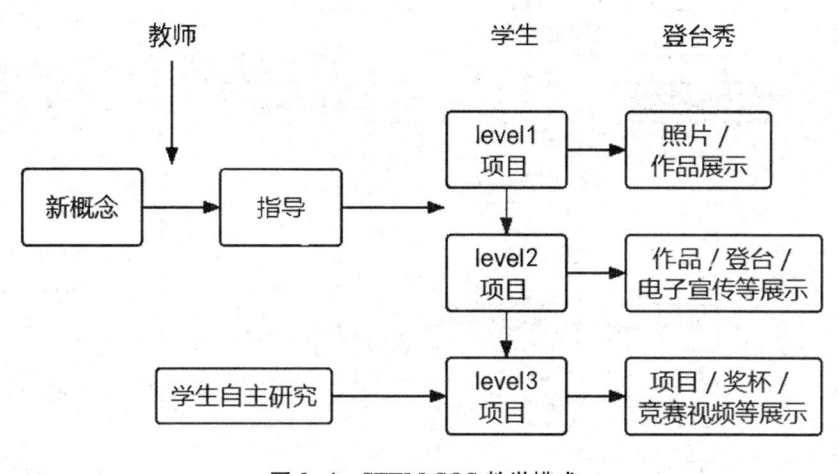

图 3-4　STEM-SOS 教学模式

以上基础理论都经过无数教育学者实践，在其领域都发挥了出色的成效，是课程设计史上重量级的理论基础。面向文化传承的 STEM 课程设计完全可以以此为基础，在实际的实践过程中，添加、创新、丰富以上基础理论，为文化传承的 STEM 课程发展添砖加瓦。

3. 课程设计模式

(1) 目标模式/泰勒原理

泰勒原理是由确定教育目标、选择教育经验（学习体验）、组织教育经验、评价教育计划的基本内容构成的，又称"目标模式"（详见图 3-5），该原理在课程开发领域被认为是最具有权威性的理论形态，在教学实践中有着重要的指导作用。泰勒原理指出，在开发和设计任何一种课程和教学计划前都必须回答四个基本问题。

第一，学校应该达到哪些教育目标？——确定教育目标

第二，提供哪些教育经验才能实现这些目标？——选择学习经验

第三，怎样才能有效地组织这些教育经验？——组织、指导和管理选定的学习经验

第四，我们如何确定这些目标正在得以实现？——评价学习经验

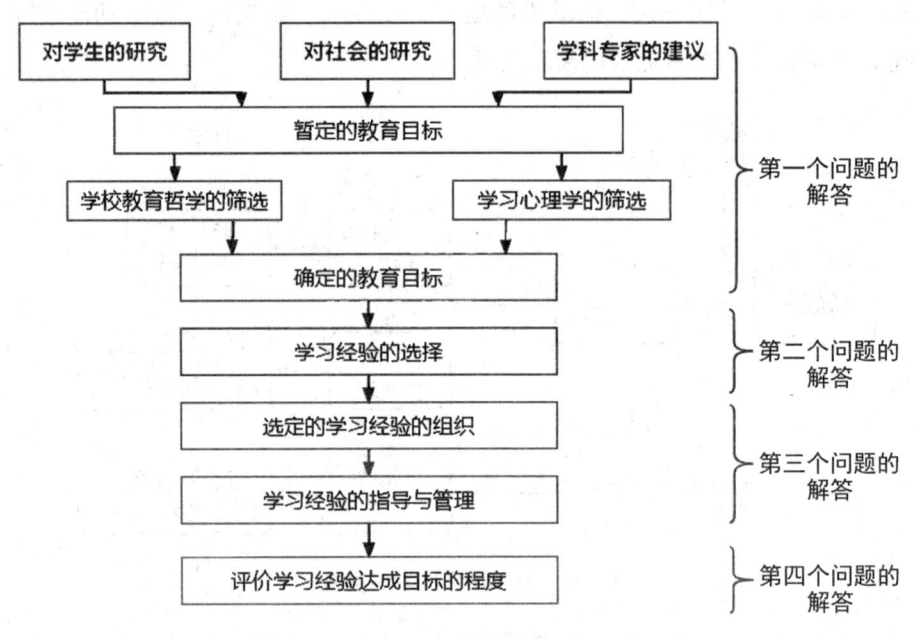

图 3-5 泰勒原理示意

(2) 情景模式/斯基尔贝克模式

斯基尔贝克理论非常注重情境变化的各种内外因素具体分析（详见图 3-

6)，强调要在全面评估实际情境后进行课程开发，以求对课程目标来源的全面认识，具有很强的灵活性、适应性。该模式主张从学校方面入手，具体分为五步：分析情境、确定目标、设计方案、解释与实施、反馈与重建。

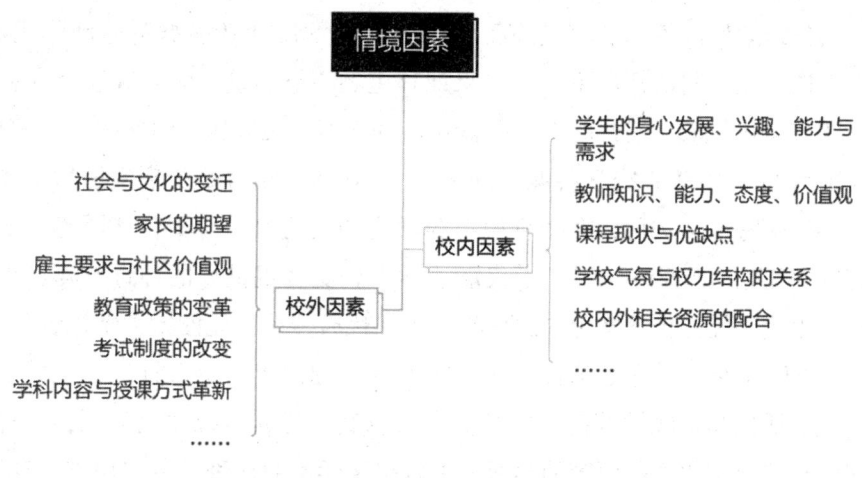

图 3-6　影响情境因素

（3）过程模式/斯滕豪斯模式

斯滕豪斯模式更注重课程开发的过程，而非最开始设定的目标。该模式认为，学习是一个主动参与和探究的过程，不存在简单的对错，因此在教学过程中，更应该关注学生个人的理解与判断，教师也应该在学习过程及结果评价中充当一位引导者。过程模式提出教师在课程中起着至关重要的作用，并对教师提出五个要求：①教师应该与青少年一起在课堂上讨论、研究具有争议性的问题；②在处理具有争议性的问题时，教师有必要保持中立原则；③探究具有争议性的问题领域的核心方式是讨论，而不是讲授；④讨论应尊重参与者的不同观点，而不是试图达成一致意见；⑤教师作为讨论的主持人，应该对学习的质量和标准负责。

虽然在 STEM 教育课程过往的实践中，我们了解到以上三种课程开发模式都有一定的缺陷、短板，但不得否认的是这些模式经过时间的沉淀，的确有值得借鉴的地方。在设计 C-STEM 课程中，合理地运用课程开发模式，扬长避短，可以设计出优秀的、符合 STEM 教育理念的课程。

二、课程主题的选择

STEM 教育是由科学、技术、工程和数学这四门学科整合而成的综合类课程，具备跨学科的性质，因此 STEM 课程的开发设计必须具备明确的主题，教学工作才能顺利地开展下去。如果课程主题不够明确，学生难以将课程的各个环节串联起来，就会形成"拼盘式"的学习，难以达到预期的学习效果。以我国为例，"STEM 跨学科课程开发"，要切实地结合我国现实国情，深度挖掘中华优秀传统文化，在教育中培养学生的文化自信与文化认同感。将优秀传统文化融入 STEM 项目，不仅能让学生感受客观世界的神奇奥秘，也能帮助学生找寻优秀传统文化中的精华，感受优秀传统文化的博大精深。另外，在进行 STEM 跨学科课程的设计时，需明确主题内容的综合性、文化性、研究性、生活性和实践性等基本特征。本书以我国优秀传统文化为例，通过对这些优秀传统文化主题内容的学习，可以提高学生对多种学科知识进行获取、加工、处理、转化和融合的能力，最终达到可以发现问题、整合学习知识和提升能力的效果。

1. 文化主题选择的原则

国家世代相传的优秀传统文化，是具有鲜明民族特色、历史悠久、博大精深的优良文化，在其表达形式与内容上都有着不同的展现方式与方法。在面向 STEM 课程融合时，其课程的设计需要具备科学合理性，即在符合传统文化传承的同时，也要具备一定的可学习性。以文化传承为目标的 STEM 课程设计，要让学生在了解本国优秀传统文化形成发展的过程中，提高自身多学科知识学习能力，而这才是 STEM 跨学科课程的最终目的。

（1）课程主题是优秀的传统文化

我国历史文化悠久，从古至今绵延了上下五千年的传统文化，但受其形成和发展的时代因素影响，我国的传统文化并不全是优秀的、符合现代文明的、符合主流价值观的优秀文化。所以，以文化传承为目标的 STEM 课程一定是本国的优秀传统文化，体现民族智慧，符合传承的文化。在文化选择上，一定要进行筛选，取其精华，去其糟粕，不能任拿任取。这就需要教师团队及科研人员对本国传统文化进行整合和挑选：既要能展现国家文化发展的历史文明，又要体现国家优秀文化的精神文明，还要符合现代社会主流价值观。如此才能在教育学生进行科学学习的同时，增强对国家优秀传统文化的认同感和自豪感，也能潜移默化地学习到文明传承的精神。

（2）课程主题具备科学原理

以文化传承为目标的STEM跨学科课程不是单纯讲文化故事，而是要求在文化中探究文化存在的科学性，具备一定的探索空间。这要求主题在选择上，传承的文化需要与科学性存在联系。例如，制作型主题——民族服装，根据不同织染的科学原理，制作出具有民族特色的民族服装；探究型主题——民族建筑，对不同地区的地形、气候进行研究，解释民族建筑用料和建筑造型的选择；验证型主题——民间谚语，根据现代科学知识，对谚语所描述的现象和流传的规律进行验证。将学生学习生活中存在的科学知识，运用到生活中，增强学科知识的实用性，提升学生探究问题、自主学习的兴趣，从而形成学习理论知识、运用知识、发现问题、再次进行知识研究的良性循环。

（3）课程主题具有适当的跨学科理论

STEM跨学科课程的性质决定了课程不能是由单一结构组成的，因此在选择文化传承的主题上，不仅要求主题内容符合主流价值观，且具备一定科学原理的优秀文化，还要求该优秀传统文化涉及的内容广泛。主题内容涉及的理论知识广泛不是代表涉及全部的知识，也不是要求越多越好，而是在符合实际文化传承的情况下，尽可能地涉及多个领域的理论知识，从而形成一个跨学科的课程。这并不代表教师团队在设计课程时无中生有地为课程添加多门学科知识点，而是在该文化内涵中切实存在并且是其组成中较为重要的跨学科理论知识点。在真实地设计课程内容时，需根据学生不同层次进行知识融合，以免造成学生思维混乱，难以达到课程效果。文化因其形成地区和原因，本身就具有一定的复杂性。所以，在选择文化主题方面，要以符合STEM教育理念为主，选择符合国情的、优秀的、具有代表性的传统文化，这样才能将优秀传统文化和STEM教育更好地融合在一起，形成与文化相关的知识体系，理解传统文化内涵。

2. 文化主题课程案例

以下主要介绍几类我国以文化传承为目标的STEM课程主题：

(1) 文化传承：探究类主题——以皮影艺术为例

①主题教学目标：

了解皮影艺术的历史及文化内涵、了解皮影艺术蕴含的科学知识、了解皮影艺术的表演技术。

②STEM 元素分析：

科学：投影原理、关节运动原理。

工程：项目设计、团队合作。

数学：测量、几何、计算。

技术：材料选择、工具利用、制作技巧。

③皮影艺术介绍：

皮影戏作为中国传统优秀文化代表之一，也被称作"影子戏""灯影戏"，其主要是通过兽皮或者纸板制作的各种剪影，辅以灯光照射进行民间故事讲演，并且用料十分考究，需要经过仔细雕刻与上色涂漆后才能用于表演。在表演的过程中，操作者不需要露面，只要在幕后操纵着人物，同时用对应的曲调哼唱表达故事即可，有时也会辅以一些管弦乐器进行配乐。

皮影戏始于西汉，兴于唐朝，盛于清代，元代时期传至西亚和欧洲地区。其在各国各地形成了自己的特色，即使在网络媒体发达的现代也保持着自身独特的吸引力，是在我国最受欢迎的民间娱乐活动之一。这种幕影的表演形式，也为电影的诞生创造了基础，甚至可以说皮影戏是影视艺术的鼻祖。2008 年，皮影戏成为我国非物质文化遗产之一；2011 年，中国皮影戏入选人类非物质文化遗产代表作名录。

皮影在制作工艺上尤为复杂，需要经过严格选材，并且要在雕刻的基础上完成必要的缝缀，最后涂漆上色，这样才能成为真正的表演工具。然后表演者要通过合理的操纵技术，辅以演唱或是音乐的方式配合讲述整个故事，为人们带来强烈的感官盛宴。皮影戏中传达的内容主要包括历史或是民间故事，所以在表演过程中，要将大量人物与动物完整地呈现在布景当中，同时要串联起所有故事的场景，对很多人而言简直难以想象，但是那些表演艺人运用自己专业的态度与独特的艺术手法完美地展现了出来。这样独特的表演形式与灵活的流动性，让皮影戏的影响范围越来越广，甚至在唐宋时期出现了许多皮影戏团队并展开行业竞争。皮影艺术日渐完善，其繁荣发展也为后来兴起的民间戏曲等艺术奠定了坚实的基础，皮影艺术早已成为世界戏剧艺术宝库当中不可忽视的一块瑰宝。

④文化主题选择原因：

"皮影艺术"是一门典型的跨学科课程，既是我国优秀的传统文化，符合传承的条件，又是在STEM教育理念的指导下，整合了多门学科的知识内容，体现了各学科要素之间的贯通与连接。从科学探究的角度来看，皮影艺术可以启发学生探究光的投影原理以及纸片人关节运动原理；从技术的角度来看，皮影制作时的材料选择、工具使用方式以及制作技巧可以大大激发学生的手工技术和热情；从人文艺术的角度来看，皮影戏的剧情编排和表演会加深学生对艺术设计和语言艺术的理解，其中还融合了美术、音乐这类创造性艺术元素。其中涉及的基本跨学科理论知识点可参考图3-7。

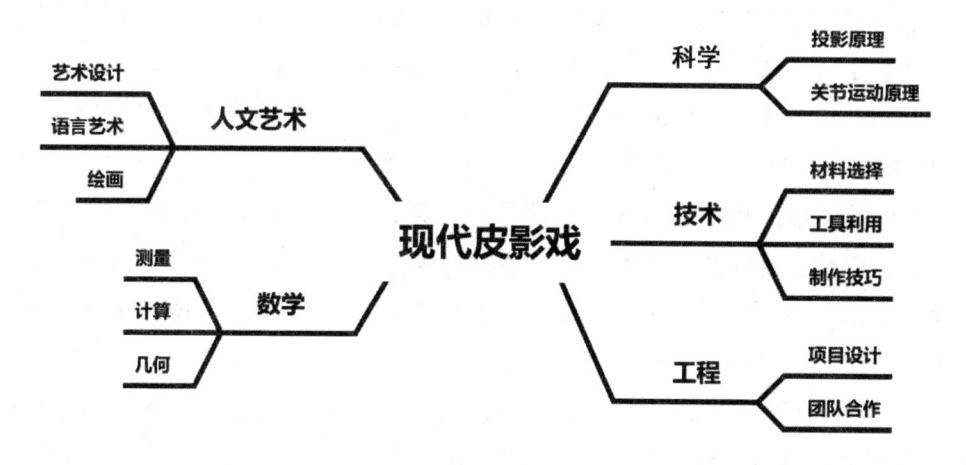

图3-7 皮影艺术跨学科元素图谱

（2）文化传承：制作类主题——以扎染为例

①主题教学目标：

了解扎染的历史与文化内涵、了解扎染的基本原理和基本技法、体验扎染过程。

②STEM元素分析：

科学：扎染的原理、染料的提取、染料氧化色彩变化后蕴含的化学知识。

工程：扎染的设计、浸染的过程艺术、扎染的图案设计。

数学：线条与图形之间的关系。

③扎染技术介绍：

扎染是中国民间传统而独特的染色工艺，古称"扎缬""绞缬""夹缬"和"染缬"。其工艺特点是用线在被印染的织物打绞成结后，再进行印染，然后把打绞成结的线拆除的一种印染技术。其也可以定义为一种织物在染色时部分绞扎起来使之不能着色的一种染色方法。最令人惊叹的是扎结每种花，即使有成千上万朵花，染出后也不会有相同的出现，染上的色块晕色丰富、变化自然、趣味无穷，是机械印染工艺难以达到的独特艺术效果。

扎染有着悠久历史，据最早记载，东晋时期就已有大批使用扎染技艺的布匹出现，表明在当时该技艺已经发展至成熟阶段，唐代时期更为鼎盛，甚至广传海外。随着扎染技术不断革新，宋代时期扎染工艺由单色发展为多种色彩，制作形式和方法上也渐渐更加新颖。扎染显示出了浓郁的民间艺术风格，每个纹样都代表了千百年来历史文化的缩影，折射出不同地区人民的民情风俗和审美情趣。2006年，扎染技艺由云南、四川两地申报，成为国家级非物质文化遗产项目。

扎染一般以棉白布或棉麻混纺白布为原料，主要染料是蓼蓝、板蓝根、艾蒿等天然植物的蓝靛溶液，尤其是板蓝根。先将材料泡出水，注到木质的大染缸里，掺一些石灰或工业碱，就可以用来染布。扎染的主要步骤有画刷图案、绞扎、浸泡、染布、蒸煮、晒干、拆线、漂洗、碾布等，其中主要有扎花、浸染两道工序，技术关键是绞扎手法和染色技艺。染缸、染棒、晒架、石碾等是扎染的主要工具。扎染工艺分为扎结和染色两部分。它是通过使用纱、线、绳等工具，对织物进行扎、缝、缚、缀、夹等多种形式组合后进行染色。其目的是对织物扎结部分起到防染作用，使被扎结部分保持原色，而未被扎结部分均匀受染。从而形成深浅不均、层次丰富的色晕和皱印。织物被扎得愈紧、愈牢，防染效果愈好。它既可以染成带有规则纹样的普通扎染织物，又可以染出表现具象图案的复杂构图及多种绚丽色彩的精美工艺品，稚拙古朴，新颖别致。古代劳动人民巧妙地利用了染色工艺的物理、化学作用，使织物呈现出特殊的、无级层次的色晕效果，它是我国古代印染技术的一个巨大成就。

④文化主题选择原因：

"扎染技术"是一门综合了科学、工程和人文艺术的综合学科，其设立不仅可以提高学生对植物的认知，也能增强学生对图形、图案美学的理解。学生可以通过采集天然植物的绿叶，将其放入研磨碗中捣碎直至出现深绿色的汁液，将白布浸入其中使其上色，浸泡若干小时后，将上色后的布晾干，白布就变成了绿色，同时可以让学生尝试使用不同植物的汁液扎染出图案各异的布匹，并尝试研究染液的浓度对最终成品的影响。其中涉及的基本跨学科理论知识点可参考图 3-8。

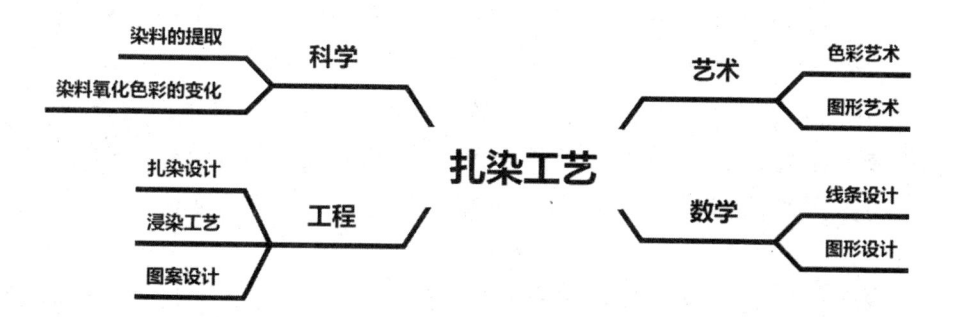

图 3-8 扎染技术跨学科元素图谱

（3）文化传承：探究类主题——以铜鼓为例

①主题教学目标：

通过听觉、视觉、触觉等多感官感受方式，了解铜鼓的构成和使用，并增强对音律节奏的感知能力。

②STEM 元素分析：

科学：鼓的构成、声音的传播。

技术：鼓声的节奏技术。

工程：铜鼓的设计、铜鼓的制作工艺。

数学：平面图形的概念、立体图形的概念。

③铜鼓介绍：

铜鼓是一种富有传奇色彩的民族历史文物，其本身由铜釜发展演变而来，形似圆墩，鼓面圆而平，下接鼓身，连接部分略外凸，曲腰，中空，圆形敞口底，两侧有耳。不同时期和地区有多种类型，每个类型中又有多种样式。鼓体多以各式花纹和图案饰面，形态典雅、庄重，具有独特风格。铜鼓原是一种打击乐器，后来又演化为权力和财富的象征，被视为一种珍贵的重器或礼器，因此成为被祭祀的对象，它是我国古代的一种具有特殊社会意义的铜器。

春秋战国至明清时期均有铜鼓，而以汉代制作的最为精美，式样最多。其流传至今已有2600多年，分布于我国云南、贵州、广西、广东、海南、湖南、重庆、四川等8个省（自治区、直辖市），以及东南亚的越南、老挝、柬埔寨、缅甸、泰国、马来西亚、印度尼西亚等多个国家，覆盖了一大片民族成分相当复杂的土地。依照铜鼓流行地区和式样的不同，可分为滇系和粤系两大系统，或分为万家坝、石寨山、冷水冲、遵义、麻江、北流、灵山、西盟八种类型。中国是世界上发现铜鼓数量最多、铸造和使用铜鼓时代最早、历史最长的国家。对铜鼓的研究相当于对我国南方地区和东南亚地区的古代民族历史与文化的研究，铜鼓在历史长河中有着非常丰富的内容和重要的意义。

铜鼓通体用铜铸成，鼓面大者直径1米以上，小者仅10余厘米，重量几十斤至数百斤不等。鼓面主体多为太阳纹，即中心呈放射状光芒，周围为多层同心环带，由宽窄不等的图案组成，称为"晕圈"。花纹装饰繁缛多彩，有的鼓身四周铸有虫鱼、鸟兽、花卉、舟船图案或青蛙、骑士立像，都带有不同的寓意。铜鼓一般作为乐器，并以其多种演奏形式，形成独特的铜鼓乐。较流行的演奏方式是将鼓悬挂在木架或树杈上，用特制球形鼓槌敲击。一人击鼓，另一人持木桶在鼓底晃动，以改变音量和音色；也常平置于地面击奏或由两人抬鼓边走边以手拍击；有的在鼓下置一水桶，盛水过半，使鼓声清纯悦耳；还有的将小型铜鼓挎在身上敲击。铜鼓音色粗犷洪亮，音量较大，鼓声可传数里，围着铜鼓跳跃的舞者，伴随着鼓点前后交替双脚，舞姿强悍有力，独具风姿。2018年，最大的一面巨型铜鼓在我国广西壮族自治区诞生，鼓面直径6.68米、鼓身厚2.88米，成功挑战"最大铜鼓"吉尼斯世界纪录称号。

④文化主题选择原因：

通过对探究类文化传承 STEM 课程的设计，可以增强学生的图案设计能力、音律节奏感受能力和审美装饰能力。一方面，在铜鼓的制作上，可以尝试让学生设计自己的鼓面和鼓身图案，训练学生的图形设计能力；另一方面，可以就铜鼓的演奏展开一节关于乐器发声原理的探究课，让学生深入理解声音的传播原理与声波振动的相关知识。另外，铜鼓的演奏本身也是学生学习音律和鼓点的绝好机会，学生可以尝试自己设计鼓点节奏增强对音乐的审美能力。其中涉及的基本跨学科理论知识点可参考图 3-9。

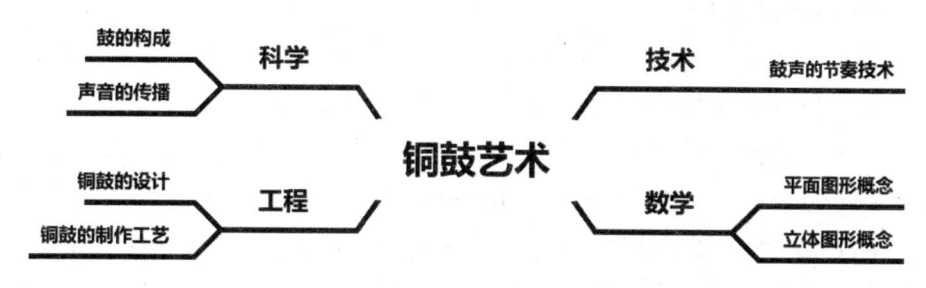

图 3-9 铜鼓的跨学科元素图谱

以上案例是以我国为例，按照文化具体内容进行分类，共分为五种类型主题：验证型、探究型、设计型、制作型、创新型。不同类型的文化主题可以触发学生不同的认知感官，知识体系，对于音感、触感等方面，都有不同层面的认知和感受，这有利于激发学生实践兴趣、提升学科知识融合能力。在其他传统文化的选择上，要尽可能地挑选合适的主题以调动学生的积极性，探索学生的可发展性，最终达到 STEM 教育的效果。

三、教学目标的设计

STEM 教育领域建立在与其他学科的融合基础上，注重通过实际应用程序进行动手学习，致力于开发学生各种技能，包括但不限于创造力、联想力、生活能力等，试图让学生理解现实问题，以及学科关联性的同时，去思考、研究并解决问题。文化课程的设计也具备开发学生潜能，助力学生提升自身发现问题、解决问题的能力。一般课程教育目标分为总目标和分目标。总目标从宏观角度关注师生的教育路线，分目标针对不同年龄和年级学生认知和心理差异确定阶段性目标。不论是总目标还是分目标，都要以符合国家标准和地区标准为前提，遵从学生的成长规律。

1. 教学目标的特点

教学目标是指课程本身要实现的具体目标。一般有四种类型：（1）认知类，包括知识的基本概念、原理和规律及理解思维能力；（2）技能类，包括行为、习惯、运动及交际能力；（3）情感类，包括思想、观念和信念，如价值观、审美观等；（4）应用类，包括应用前三类来解决社会和个人生活问题的能力。

教学目标的特征如下：

（1）整体性：各级各类的课程目标是相互关联的，而不是彼此孤立的。

（2）阶段性：课程目标是一个多层次和全方位的系统。

（3）持续性：高年级课程目标是低年级课程目标的延续和深化。

（4）层次性：课程目标可以逐步分解为总目标和从属目标。

（5）递进性：低年级课程目标是高年级课程目标的基础，没有低年级课程目标的实现，就难以达到高年级的课程目标。

（6）时间性：随着时间的推移，课程目标会有相应的调整。

2. 总体目标

总体目标是指国家级或地区级下达的教学总目标，希望学生通过阶段教育后，能够达到适应社会和进一步发展的能力。我国教学目标以2022年教育部下发的《义务教育课程方案》为准，其中体现时代对学生的要求和学生应该具备的共同素质，优化学校育人蓝图（详见图3-10），落实立德树人，明确培养有理想、有本领、有担当的时代新人的具体要求。

（1）完善培养目标

全面落实培养有理想、有本领、有担当的时代新人要求，突出课程育人宗旨。

（2）优化课程设置

"落实五育"并举和创新型人才培养要求，九年一贯设置课程，一体化设计道德与法治课程，将劳动、信息科技从综合实践活动课程中独立出来。

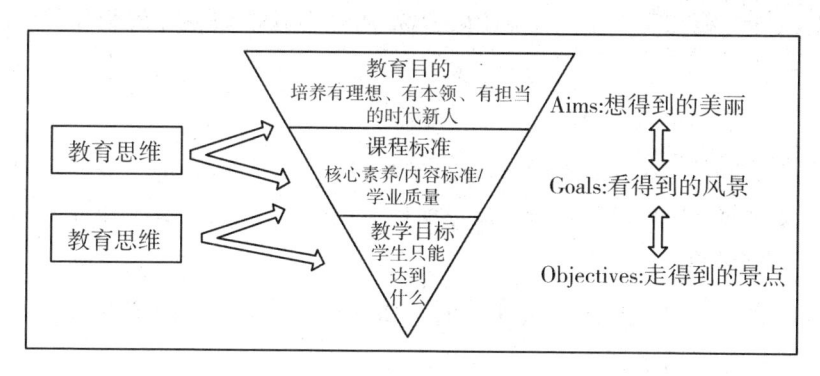

图 3-10 育人蓝图

（3）完善课程内容结构

围绕发展学生核心素养，精选和设计课程内容，设置"跨学科主题"学习活动，占本学科总课时的10%，强化学科间的相互关联，增强课程的综合性和实践性。

（4）强化学业质量指导

各学科结合课程内容明确学业质量标准，引导和帮助教师把握教学深度、广度，为教学设计和教学评价提供依据。设置教学提示，增加教学和评价案例，强化"如何教"的具体指导。

（5）加强学段衔接

注重"幼小衔接"，合理设计小学一年级至二年级课程，注重活动化、游戏化、生活化的学习设计。

面向文化传承的课程目标不是仅仅认识文化发展演变过程这么简单，也蕴含了大量现实生活中存在的问题，这要求课程设计者在制定教学目标时，仔细注意事物的发展必定存在着联系。文化的传承也存在着千丝万缕的关系，无论是其相关的学科知识，还是其包含的人文精神等。这要求面向文化传承的STEM课程教学目标设计能反映文化本质，达到能体现STEM教育的目的。结合国家教学目标，传统文化的STEM课程总体目标（详见图3-11）应有如下几个方面：

（1）认知目标

对文化的基本面貌、基本特征、主体品格以及发展历程等有比较全面、正确的认知，能在现实生活中利用STEM知识准确地叙述和解释文化相关的问题。

（2）能力目标

掌握鉴赏文化及其载体的能力，能将传统文化精神运用于实际社会生活，并完成文化的创新作品与实践，能灵活地运用所学知识影响身边的人。

（3）素质目标

理解文化的独特魅力和精神价值，感受科学与文化融合的魅力，具备文化素养，提升人格修养。

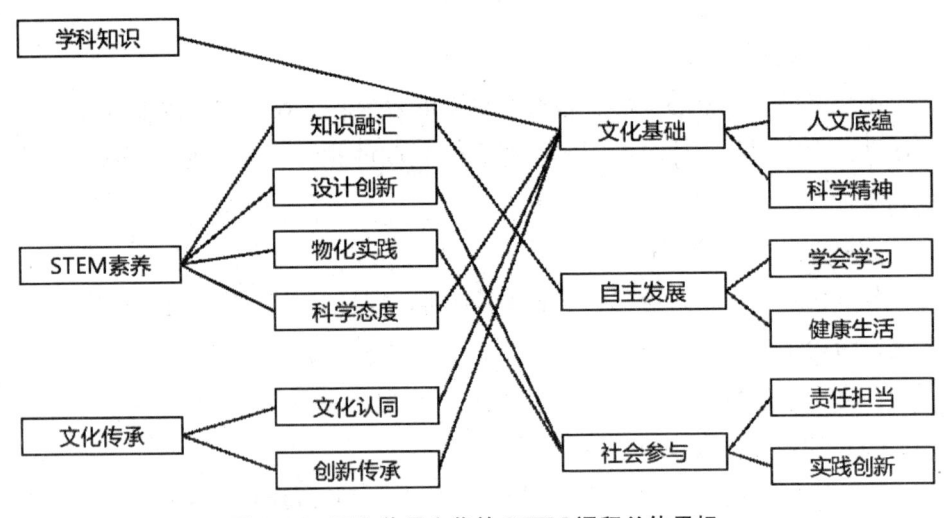

图3-11 面向传承文化的STEM课程总体目标

3. 具体目标

具体目标是指校方或课程下达的教学目标，希望学生通过课程教育后，获得教学结束后具体的能力。具体目标也进一步说明了总体目标的要求和实现总体目标的途径。

STEM教育目标是经过学习后，达到并提升四个素养目标。面向文化传承的STEM课程的具体目标要求有以下几个：

第一，科学素养：通过实验探索，运用科学知识解释文化中所蕴含的现象原理，并学会使用科学方法进行学习和实践。

第二，技术素养：了解文化中技术的手段，并利用科学技术创新设计与制作传统文化技术。

第三，工程素养：了解文化发展流程，学会创建工程项目，利用学科知识进行合作等方式进行文化产品的设计与制作。

第四，数学素养：利用数学技术，测量、运算等来解决文化制作等方面的问题。

更加细致的目标，例如，学会测量物体数据等目标需要校方或教师制定，针对每节课、每次活动都要有若干个具体目标，以便明确教学任务。

无论是总体目标还是具体目标，都要依学生自身发展情况而定。每个国家、地区，甚至小到学校、班级，学生的发展情况都不相同，STEM教育理念要求我们尊重学生个体发展，切不可以普适性的目标要求和责备学生。在任何教学过程中，目标是希望达到的结果，并非必要达到的结果，目标是否完成、完成的进度都受各种因素影响，如学生自身学习能力不佳、实践课程准备不充分、教学内容设计不合理、教师能力有限等，我们要做的是制定合理的教学目标，在完成和完不成的每种情况下，进行反思和改进，以最终促进学生发展为目标，才是教育应该实现的终极目标。

四、教学活动的设计

STEM课程学习活动是学生获取知识、认识客观世界的媒介。STEM课程在学习理论上不是将科学、技术、工程、数学等学科知识串联起来，而是让科学、技术、工程、数学等学科知识通过项目学习活动形成连贯的、有组织的、统一的课程结构，学生对知识/学习内容的认知一般在教学活动/项目和解决问题的过程中形成。STEM教育强调学生应在实践活动中主动获取知识，而不是教师面对面教授，让学生死记硬背抽象的理论知识。在STEM教学中设计的活动，要具有一定的真实性，让学生通过带有真实生活的、富有挑战性的项目，获得社会性成长。

1. 活动内容

教学活动的设计是教师根据教学目标、教学内容等方面设计得更利于学生学习的活动，通过让学生参与活动，让学生更高效地理解并运用所学知识，激发学生的学习主观性。STEM课程的学习活动包含多个教学环节，不同的环节安排有不同的特点，其活动序列的组合也自然会形成不同的教学模式。面向文化传承的学习教学活动可以分为五个教学环节，每个环节都需要设计教师指导、学生实践活动，以及活动中所需要的物品、器材、资料等相关材料的准备。

（1）课题导入活动的设计

课题导入方式的引入，是为了给学生创建解决问题的真实情境，让学生明白，研究的课题是真实生活中存在的，具有现实意义。在给学生进行文化课题导入之前和之后，教师需要提出具有思考性的问题，让学生带着疑问进入文化课题，提高学生专注力与挑战性，最好让学生将导入的内容进行语言简述，增强学生知识归纳概括的能力。课题引入一般有下面四种形式：

①科普资料。这些科普资料包含与文化课题相关的术语和概念，也可以提供一些扩展性资料，如介绍文化发展近年的最新成果。

②利用图片、视频等电子资料，介绍文化与相关地区的真实情境。

③到与文化课程相关的企业、工厂、农场、作坊或其他真实的现场参观。

④做简易的文化探究小实验等。

（2）科学探究活动的设计

STEM课程学习的目标之一就是通过科学探究活动培养学生的科学精神，并让学生掌握科学探究的方法，熟练地解决生活中的问题。文化探究活动的设计一般有两个环节。一是探究问题的提出。可以采用多种方法，比如，通过文化真实情境展示，激发学生"头脑风暴"，从而进入主题。由教师提出课程问题，学生自行翻阅、查找资料，发现问题、解决问题。或者教师引导学生自主提出问题，在尽量不帮助学生的情况下，让学生自主思考、分析、解决问题。二是探究问题的方法。教师引导学生按照科学的探究方法，有步骤、有秩序地进行探究，包括以下内容：

①提出问题，做出假设。

②科学实验（或社会调查、现场参观、实际测量）。

③观察记录，获得数据，收集资料。

④对比数据，分析数据。

⑤显示特征，发现关系，比较差异，形成结论。

（3）数学练习活动的设计

在面向文化传承的 STEM 课程中，不可避免地会涉及许多数学知识，例如，皮影、铜鼓等模型的制作，以及购置某些产品的成本预算等方面，都会涉及数学知识的应用与技能支持。数学作为 STEM 课程实践数据处理和分析的工具，使活动任务更加严谨、准确和科学。在具体实施数学活动时，学生需要做到以下四点：

①用标准单位进行测量并记录不同类型的数据，使用国际单位制和测量工具对常用数据进行测量，如扎染课程活动时，对于液体体积的测量以及泡入织物时间等。

②利用表格表现数据关系。

③利用图形表现数据关系。

④利用数学公式表达变量关系。

（4）工程设计与技术制作活动的设计

STEM 课程学习的另一个重要目标就是通过工程设计与技术制作，让学生学会利用简单的材料和工具设计、制作作品，培养学生动手、创新能力，提高学生立体思维逻辑与团队协作能力。在活动中，学生以制作作品为基点，通过确定制作作品的需求和任务，明确设计项目以及约束条件，完成制订计划、建造模型、半成品测试等步骤，在不断地改进与完善作品中，尽可能地"头脑风暴"，反复发现问题—验证问题—解决问题，最后进行交流分享制作过程。在此活动中，要让学生明白，一个产品的产生不是那么简单的，失败是正常的，但要学会找出失败的原因，不断改进自身工程设计上的不足，完善自己的工程设计方案才是教学活动设立的意义。工程规划活动一般包含以下几点：

①需求分析，明确任务。

②初步设计，画出草图。

③选择材料。

④深入设计（画图，表明各部分材料和功能）。

⑤制作原型。

⑥测试效果，发现问题。

⑦修改原型，使作品定型。

（5）学习扩展与联系社会活动的设计

学习扩展与联系社会活动是指学生通过一些科学项目或者工程设计任务等活动，获得真实生活中相应的知识和能力。STEM 教育理念之一就是培养学生实践生活的能力，通过扩展与联系社会活动，如查找信息、传承人物专访、访问活动详情等活动，激发学生学习知识的兴趣。

在面向文化传承的 STEM 课程中，绝不是简单的文化与 STEM 学科知识叠加，而是综合每个学科的优势，使学科与学科之间相互融合与促进，达到"1+1>2"的效果，这样的教学活动才能高效地培养学生综合解决问题的能力、提升学生的 STEM 教育素养。

2. 活动设计的具体要求

（1）要注意教学时间和教学内容的矛盾

STEM 教育的一个特点就是让学生在进行实验时，主动发现问题，通过假设问题验证真实答案，这势必会影响课堂的时长。在实验过程中，学生是否能正确地发现问题、是否可以直接找到正确实验对象、是否考虑的因素足够全面等问题都会影响教学时间。例如，在探究扎染文化时，"水的比例如何决定染色的深浅"，转变为 STEM 活动"如何改变织物的深浅色度"，学生在实验时会加入更多的考虑因素，例如，织物的面积、植物的染色量等因素。可若直接提醒学生应该怎么做，就会在很大程度上减少学生在工程技术素养上的锻炼，导致 STEM 活动形式化，达不到 STEM 课程的目的。但在课堂上的实验内容过多，课堂时间过久，教学时间不允许，也会无法达到预期效果。

在了解 STEM 活动涉及工程类会形成系统化流程后，教师应该将活动适当地设计成密集的 2~3 课时，在学生记忆力保持平稳状态下，为学生加固记忆力。具体可按照教学内容划分为：寻找问题并提出解决方案、开展实验并交流结果两个大板块内容。或者在准备进行课程探究前，提前留下 1 天或 1

周等足够的时间，让学生私下进行探究实验，在课堂上开展实验展示和交流。

（2）教师要提高自身STEM综合素养

面向文化传承的STEM教育涉及的内容非常广泛，不仅包含理工类和文学类知识，还包含实验能力、知识串联能力等，需要将跨学科的知识内容和技术手段进行完美整合。这要求STEM教师不仅要有丰富的知识内涵，还要有强大的动手能力、创新思维，只有教师先具备以上能力，才能带领学生向该方面全面发展。

一方面，STEM教育在我国发展的时间较短，虽然国家倡导STEM教育理念，并已经有很多学者在该领域中进行研究以及投入教育事业，但因为STEM教育是不断发展的，具有适用面广、实施条件灵活等特点，所以STEM课程对教师的能力要求要远远大于其他学科；另一方面，STEM课程在国际领域处于发展阶段，尚未成熟，并未形成完整的教育体系，没有其他学科成熟，并且学生自身发展差距较大，这些都需要教师能力达到一定高度，在课程上灵活调整内容，以适应学生发展要求。教师也应随时充实自身教学能力以及课程内容，提高教学水平，跟上社会发展脚步，促进STEM教育发展。

（3）要打破学科界限和内容限制

目前，我国科学课程主要是在小学阶段，并且科学教材的内容都是一个单元对应着一个学科领域，如物质科学领域等。教师在教授课程时容易受到教材的限制，进行STEM活动的设计时容易受教材固定模式影响陷入固有思维。STEM教育重点就是打破学科界限，将多种学科知识进行融合，培养复合型人才。在设计活动中打破学科界限往往也能取得更好的教学效果。目前我国在活动设计这方面不完善，并且缺少学生自主动手进行工程设计方面的内容，如设计一辆动力小车等。STEM教师应当着重开发一些跨学科、工程设计类的教学内容，不仅可以融合各类学科知识，更能激发学生的创造性，提高学生的创造思维。

综上所述，学科整合是丰富现有科学探究活动的有效策略，也是提高学生STEM素养，实现深层次、全面学习的重要途径。因此，我们应该尽快将STEM教育引入课堂。只要我们了解科学探究活动、工程技术活动以及它们之间的关系，我们就能够设计出精彩的 STEM 活动。只有在课堂上探索实践、发现问题、解决问题，教师才能在科学探究的基础上开发出更加可行、有效的 STEM 课程。

五、教学评价的设计

教学评价是 STEM 课程的一个重要环节，评价不仅是教育发展中的重要步骤，更是学习者持续了解自我、发展自我和提升自我的一种重要方式。正确的评级制度不仅可以检验学习者是否完成课程目标、促进学习者正向发展，还可以从侧面验证课程的科学性、教师水平的专业性。因 STEM 课程本身是由各种学科融合组成的复杂性课程，其课程评价也具有一定的复杂性。在设计教学评价时，不仅要考虑总结性评价，也要与过程性评价结合起来，以学生个体发展为主，综合运用多种评价方式。常见的评价方式有：观察记录、实验评价表、汇报展示等方式，具体运用时也要根据课程主题和实际情况选择相应的评价工具。

1. 过程性评价

教师和社会专家主要评价学生在学习过程中的 STEM 素养、实践能力和探究意识。它可以采用视频行为采集、过程记录表、在线学习行为记录、课堂测试等方法。学生评价的主要内容是同学在学习过程中的表现（如参与度、积极性等），从而相互激励。学生自我评价主要是学生对自身成绩的评价，如采用 PMIQ 自我评价表的形式反思自己的学习。具体内容需教师根据课程的教学内容自行设计，其代表的含义可参考表 3-1。

表 3-1 PMIQ 自我评价

P（Plus）	M（Minus）	I（Interesting）	Q（Question）
学习收获	不足指出	还感兴趣的地方	感到疑惑的问题
已经学会的知识	没有学明白的知识	还想探究的知识	还想弄清楚的问题

2. 总结性评价

在教学活动结束之后，教师和学生对学习效果进行检验，看是否达到预期效果。在此需要强调，评价不是目的，而是一种手段。STEM 教育的真正目的是让学生在体验真实情境中探究学习的过程，达到热爱学习、热爱生活的实质性目标。教学评价也不是只针对学生，为促进教学主、客体共同进步，评价对象也要多元。无论评价对象是谁，STEM 教学评价都必须以全面、理性、科学和客观的角度进行全方位评价。针对不同的教学项目和评价客体，可参考表 3-2。

STEM 课程强调学生解决实际问题的能力，强调项目式学习的教学方式。经过精心设计，STEM 课程中每个项目都包含科学、技术、工程、数学和文化学科知识的综合运用及探索。为了更好地评估学生的学习效果，教师团队要通过反复研讨与思考，制定既定量又定性的评价方法，构建一个符合学生自身发展的评价体系，促进 STEM 教育走向成熟。

表 3-2　教学评价要素

评价项目	评价主体	评价客体	评价内容	评价方法与工具
学业情况	教师、学生、家长	学生	学习兴趣、学习能力、学习结果	问卷调查、学业测评、学生作品、生理反馈测量工具
课程质量	教师、课程专家	课程	目标地位、内容架构、客户才能表达等	问卷调查、访谈、研讨等
教师专业水平	课程专家、培训者	教师	课程理解力、执行力、专业素养	问卷调查、课堂教学活动分析、教研活动等

STEM 课程是实施、体现 STEM 教育理念的重要环节，面向文化传承的 STEM 教育以培养复合型人才为目标。STEM 课程的设计与实施是促进教师专业发展的有效途径，STEM 课程的设计与实施、课程资源的整合与开发、现有课程内容的二次加工与建构以及实践活动的创造性实施，有助于提高教师的专业素质，促进教师从传授知识到引导学习的转变、从经验型教师到研究型教师的转变，实现教师角色的根本性转变，对促进教师的专业发展具有重要意义。

STEM 课程设计打破传统教师课堂教授理论的教学模式，可以在很大程度上调动学生参与度与积极性，无论是课程内容、教学活动还是教学评价，都能体现STEM教育的优越性：让学生自主学习，形成发现问题—学习知识—解决问题—工程实践—再次发现问题的良性循环，达到学生终身学习的目标。对学生而言，课程整体设计是否合理，是学生能否最大限度接受知识的一个重要前提。

第四章

STEM 课程的管理与评价

一、STEM 教育对传统教学评价的改变

1. STEM 教育使传统教学评价模式不再适用

STEM 教育模式注重实践，它从日常生活中的相关问题切入，整合不同领域的零散知识为一个整体，对学生进行系统性的教学，在学习过程中学生利用各学科知识通过团体协作来解决实际问题。而传统教学模式以课堂教育为主，以教师为主要角色，对学生进行单一学科的教学，这就导致传统教学评价受制于单门课程及其测验结果，教学评价局限于课堂教学范畴，缺少了对非课堂教学内容的过程和结果的评价，因此极大降低了学生付诸实践的兴趣，使学生局限于课堂，导致学生实践能力和探索精神得不到提升。

传统教学模式培养出来的人才在人才市场已经达到饱和，而 STEM 人才在市场上供不应求。传统教学评价的使用致使大多数学校仍在以传统教学为主，这就导致了许多需要复合型人才的岗位空缺，而许多毕业生出现难就业的反常现象。自"十四五"规划提出以来，国家越来越重视 STEM 教育，许多学校、教育机构开始从传统教学模式向 STEM 教学模式转型，而教学评价仍然停留在传统教学评价模式上的学校最终面临的是转型失败，之所以如此，是因为传统教学模式是让学生在中考、高考等各种考试中获得优异成绩，因此其评价模式以测验、考试结果为主；而 STEM 教育更注重在学习过程中提高学生综合能力与科学素养，因此不适用于 STEM 教育的传统教学评价模式最终导致转型失败。随着各国都在引进 STEM 教育模式，世界上人才竞争将越发激烈，传统教学评价模式严重阻碍了 STEM 人才的培养，它已不再适用于当下的社会。

2. STEM 教育揭露了传统教学评价模式的各种弊端

传统教学模式以教师为主体，学生只需要被动接受教师灌输的知识即可，传统教学评价方式多为测验、考试等，结果由教师来评定，学生只需要按照教师的节奏、思路即可，在此过程中，学生几乎没有正式自我评价的机会，这在很大程度上降低了学生的积极性。这种以教师为主的教学形式形成了"教师本位"的制度，虽然这种制度可以最大化发挥教师的作用，但是学生所受的教育水平局限于教师的水平。如果教师教学水平较低，就会导致学生学习水平大大降低。

而 STEM 教育与此不同，它以学生为主体，重视个体差异，如不同学生的思维、性格、意志等方面的差异，强调学生自己去发现问题并协作解决问题。在这种脱离教师贴近现实的学习过程中，更利于学生激发自己的兴趣，提高学生对知识渴望的积极性，充分体现了教育的灵活和变通。STEM 教学模式充分突出了学生的重要性，在实际生活中的问题是复杂多变的，单纯记忆课本知识的学习模式并不能让学生有能力解决实际问题，但是在这种教育模式下，学生用自己的思维构建出对客观事物的认知，使其真正具备了解决实际问题的能力。

以教师为主体的教学评价模式形成的师生关系是不平等的，教师与学生的关系就是上级与下级的关系，教师关注的是学生的学习结果而忽视了学生的独立人格，这种关系极大降低了学生主动学习的积极性和教师的教学热情。而在以学生为主体的 STEM 教学模式中，教师更加关注学生的学习过程和独立人格，设计的课程也不是一成不变的，它将会是开放的、动态的，这种教育模式下，教师更像是学生的益友。

3. STEM 教育促进了传统教学评价模式的改革

随着 STEM 教育在国内不断发展，国内教学模式不断改革，教学模式与传统教学评价模式之间的矛盾不断激化，传统教学评价模式亟须改革。

随着国家和企业对具有创新能力的复合型人才的需求越来越多，传统教学与 STEM 教育相结合的模式越来越得到国家的高度认可，许多公立学校和教育机构都在推行 STEM 教育，传统教学评价模式不再适用。

传统教学评价模式的方式单一、标准单一，学生只有优劣之分，导致学生缺乏对社会发展变化的感知和适应现代社会的能力，难以将素质教育落到实处。而 STEM 教育与传统教学模式结合的模式所培养的人才需要兼顾独立人格多标准的教育评价。现在学校及教育机构使用的仍然是传统教学评价模式，严重阻碍了教育模式的改革，更是形成了毕业生"高学历、低能力"的反常现象，不利于国家经济及科学发展。

STEM 教育的特点极其贴合当下中国国情对教育模式的需求，但是 STEM 教育应用并发展的前提是改变传统教学评价模式。

4. STEM 教育为传统教学评价模式的改革提供了思路

传统教学评价模式是一种总结性学习评价，是考试机构、教育主管部门、教师等"自上而下"地对学生的"定性"评价，内容、标准单一，只关注学生对课本知识的掌握程度。

随着国家不断深化教育改革，STEM 教育模式的推广，学生的个性、解决实际问题的能力、协作能力、创新能力越来越受到国家的关注。传统教学评价模式以教师评价为主，评价标准是单科成绩，而 STEM 教育模式是多学科融合，更注重学生的学习过程，注重学生的性格差异。以教师评价为主变为以学生评价为主，更利于学生形成个体差异，评价标准从只考虑最终单科考试成绩变为从学习过程、解决问题的能力、协作能力等多方面考虑进行转变。

教学模式与教学评价模式是一种互相贴合、互相适应的存在，STEM 教育模式的推广致使传统教学评价模式不得不改变，而 STEM 教育的特点也为教学评价模式改变提供了方向，不仅仅是评价的主体、评价的标准，评价的内容、形式也需要做出相应的改变。

传统教学评价的内容固定，以课本内容为主，极大限制了学生的视野、创新能力、适应社会的能力等全方面发展，STEM 教育需要以实际问题为主的评价，这更利于学生适应复杂多变的社会，成为社会需要的实用型、复合型人才。

传统教学评价的形式僵化，主要是纸面考试、测验。将学生局限于纸上只会让其视野越来越窄、实践能力得不到提升。STEM 教育模式需要的评价形式是灵活多变的，让学生不受局限自由发挥出其思维与能力，这更利于学生发展自己的个性，提高学生的积极性，拓宽其视野。

二、STEM课程评价体系的构建

1. 教学评价体系的含义

（1）评价含义

"评价"在许多国家的词典中，都泛指衡量人或事物的价值。评价的英文单词是evaluate，是从价值的英文value而来的，就此看来，评价和价值是无法分开的。从评价含义的广泛程度上看，我们可以看出在社会生活中评价被广泛地使用且具有悠久的历史。在美国著名教育评价专家沃尔森（Worthen）和桑德尔斯（Sanders）的著作《教育评价》（*Educational Evaluation*）中，引用了英国早期引进威尔士长弓的故事来说明评价的悠久历史和评价活动的重要性。"由于英国人看到了长弓明显优于自己的弩，所以他们引进了威尔士长弓并进行改进，长弓发出的箭可以射穿坚硬的盔甲且可以连续发射。由此可见英国人根据自己的目的分析和评价了长弓的价值并决定使用长弓以增强与法国的对抗能力，因此他们放弃了弩，完善了长弓，后来在百年战争中，英国军队被证明是不可战胜的。而法国人对长弓进行了短暂的试验后，依旧使用弩，这也是法国人输掉了战争的主要原因。"

从这样的例子中我们可以看出评价活动的重要性，也可以推断出评价是人类社会行为的一种基本形式，评价有时候是正式的、全面的、系统的，有时候又是非正式的、私下的和印象化的。其实在我们的日常生活中，非正式的评价无处不在，当我们对一件事或物的价值产生评定和判断的时候，评价就开始了，比如，我们决定上班所走的路线或是去餐馆点菜等活动都包含对事物价值的评价，但这样的评价依旧是建立在主观感觉上的。

在此，我们要讨论的是正式的、系统的评价理论与方法。它是建立在确定严格的标准、搜集精确的数据和做出充分的价值判断基础上做出的理性选择的评价活动。现在很多领域都用到这种正式的评价，在教育界，教育家用来决定教育计划、产品、项目、过程、目标以及课程等的质量与效果的方式就是采用这种正式的评价活动，而教育评价就是对学生的学习水平、学科素养以及专业技术水平等的评价。

(2) 教学评价体系

教学评价体系包括两大方面：教学评价和教学反思。教学评价体系具体内容如图4-1。

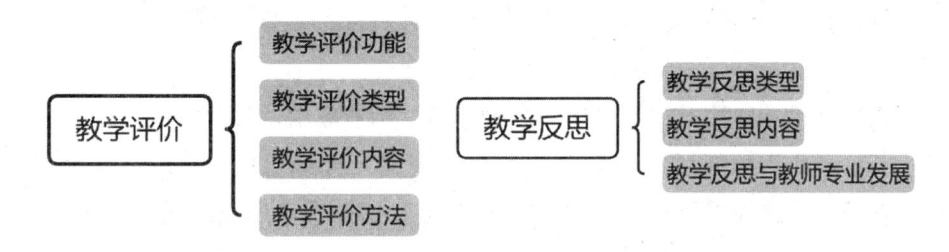

图 4-1 教学评价体系

依据教学目标对教学过程及结果进行价值判断并为教学决策服务的活动就是教学评价，其是对教学活动现实的或潜在的价值做出判断的过程。在先进的、科学的教学理论指导下，批判地观察自我的主体行为表现及其行为依据，进而反思教学过程中自我教学的不足，进一步改善教学内容、教学方式等自身问题的过程，就是教学反思。

教学评价与教学反思都是属于进一步提高教育教学水平的重要方法，其是一种做出价值判断的过程，依据一定的社会教育性质、教育方针和政策。教学评价与反思是对所确立的目标运用有效的方法和手段，是对实施的各种教学活动的过程与效果，是完成和满足个体学习与发展需要程度的过程，是对学生实现教学目标程度的行为进行系统的定量与定性描述，做出最终价值判断的过程，是依据一定的客观标准，对教学活动及其效果进行客观衡量和科学判定的系统过程，这个过程需要通过各种测量和相关资料的收集来进行判定。

教学评价与反思是研究教师的"教"和学生的"学"的价值过程。一般内容有对教学过程中教师、学生、教学内容、教学方法、教学环境、教学管理诸多因素的评价与反思，但主要是对学生学习效果和教师教学工作过程的评价与反思。其中，教学评价有两个核心环节：对教师教学工作（教学设计、组织、实施等）的评价，即教师教学评估（课堂、课外）；对学生学习效果的评价，即考试与测验。其中，评价的方法主要有量化评价和质性评价。在教学反思中，教师反思经历"具体经验—观察分析—抽象地重新概括—积极地验证"四个过程，主要是使教师意识到问题的存在，并明确问题情境。

（3）教学评价的方法及作用

进行教学评价的方法：测验、征答、观察提问、作业检查、听课和评课等。

教学评价的作用：诊断作用、激励作用、调节作用、教学作用。

①诊断作用。通过了解教学各方面的情况，从而判断它的质量和水平、成效和缺陷，继而对教学效果进行判断。想要估计学生的成绩在多大程度上实现了教学目标，而且能解释成绩不良的原因，并找出主要原因就要通过全面客观的评价工作。可见教学评价如同体检，是对教学进行一次严谨的、科学的诊断。

②激励作用。对教师和学生具有监督和强化作用就是评价的激励作用。经常进行记录成绩的测验对学生的学习动机具有很大的激发作用，可以有效地推动课堂学习，经常考察教师的工作成果并进行评价，也会起到监督和强化的作用。

③调节作用。通过评价，师生可以知道自己的"教"和"学"的情况，教师和学生可以根据反馈信息修订计划，调整教学的行为，从而进行有效的工作来达到规定的目标，这就是评价的调节作用。

④教学作用。教学评价本身也是一种教学活动。在教学评价里，学生的知识、技能将取得进步，智力和品德也会有进展。

（4）教学反思的方法及内容

教学反思的方法：反思日记、详细描述、实际讨论、行动研究、学生反馈等。

反思内容一般包含教学前、教学中以及教学后的反思。

①教学前反思。要反思确定内容、阶段及具体实施方法对学生的需要和满足这些需要的具体目标，以及达到这些目标所需要的动机、教学模式和教学策略；还要对本学科、本册教材、本单元、本课时进行教学计划时列出反思的关键项目。

②教学中反思。教师在教学过程中对不可预料情况的发生进行反思，需要教师根据学生的学习效果反馈，及时对教学计划进行调整。这需要教师全身心地投入教学工作，以便及时捕捉学生反馈的信息，达到快速调整内容、顺势实现教学目标的目的，但调整的内容不可过于脱离原教学内容，容易被学生转化角色，失去主导地位。

③教学后反思。其主要围绕教学内容、教学过程、教学策略三个方面进行反思。主要包含反思教学目标的普适性，反思教学目标是否达到教学效果，反思教学计划是否有效；反思自身教学活动与倡导的理论是否一致……教学后的反思属于教学反思中最重要且环节最多的一项，是因为其经过整个反复教学的过程，其涉及的教学内容多、过程长、学生的反馈信息真实且复杂。

教学反思的过程是不断提升教学实践的合理性，不断提高教学效益与教学能力，解决教学过程中发生的问题、促进教师专业化的过程。教学反思不只是教师解决教学过程中的教学实际问题，也是学生得到科学、符合自身发展的教学方式的重要教学过程。

2. STEM 教学评价的分类及特征分析

在进行 STEM 教育的课程中，通过传统的纸笔试卷测验是无法在 STEM 课程中对学生综合能力提高做出整体性评价的。有些学校简单地选择和科学学科类似的考试方法就是纸笔考试方法，但是这种传统的方法不能对学生的综合能力进行评价，只能判断学生的知识掌握情况，目前 STEM 课程急需要解决的问题就是如何找到合适的评价体系。

教育评价可以根据不同的分类标准和方法来分成不同的种类。

（1）按评价的对象和范围分类可分为宏观教育评价、中观教育评价和微观教育评价。

①宏观教育评价。

以教育的全领域及宏观决策方面的教育现象、措施为对象的教育评价，和对一个具有相当规模的地区的教育进行的评价属于宏观教育评价。这类评价属于总体的、全局性的和高层次的评价。

②中观教育评价。

以学校为对象，对学校内部各方面的工作进行的评价是中观教育评价。

例如，学校办学质量评价、学校教学工作评价、学校德育工作评价等。

③微观教育评价。

针对具体对象的教育评价是微观教育评价。例如，对学生的学习成绩、思想品德和智能发展等评价，对教师的教学质量、受欢迎程度等评价都属于微观评价。

（2）按STEM教学评价的时间和作用分类，STEM教学评价可分为诊断性评价、形成性评价和终止性评价。

①诊断性评价。

在STEM教育、教学活动开始之前，为了计划更有效地实施而进行的预测性、摸底性评价就是诊断性评价。为解决问题而摸清评价对象的基础和情况，搜集必要的资料，分析存在的问题，以找到解决问题的办法是诊断性评价的目的。

②形成性评价。

在STEM教育、教学活动计划实施的过程中，对计划、方案执行情况进行的评价就是形成性评价。是为了教育计划、教学活动的工作人员了解动态过程的效果，及时反馈信息，及时调节，使计划、方案不断完善，以便顺利达到预期的目的，是形成性评价的目的。

③终止性评价。

STEM教育、教学活动项目告一段落或完成以后进行的评价就是终止性评价。其目的是了解这项活动达到预期目标的情况以及它的最终效果或效益，为相关教育部门对STEM教育、教学活动项目的继续、停止、扩展或采用等决策提供参考。

（3）按评价的基本标准分类，由于评价的基本标准不同，可分为相对评价和绝对评价。

①相对评价。

在评价对象团体中确定一个基准，或以某一团体的评价状况为基本标准，对团体中的个体成员在这个团体中所处的相对位置进行的评价就是相对评价。其特点有三个：一是评价的基本标准在评价对象团体的内部确定；二是参照的标准在对团体进行测量以后确定；三是它关心的是团体成员在该团体中所处的相对位置。

②绝对评价。

以预先制定的目标为评价基本标准，评价每个对象达到目标或基本标准的程度就是绝对评价，也称为"目标参照评价"。其特点有：一是评价的基本标准在评价对象团体以外确定；二是参照的标准在对团体进行测量以前确定；三是其关心的是评价对象的达标程度。

(4) 按评价的性质分类，由于评价的性质不同，可分为需要性评价、可行性评价和配置性评价。

①需要性评价。

根据某种需要，对新提出的教育目标、计划方案的必要性做出的价值判断是需要性评价。其目的是要判断新提出的教育目标、计划方案是否有必要进行或开展。当某种教育改革项目开始前或对教育活动整个过程进行总体反思时一般会进行需要性评价。

②可行性评价。

对教育目标、计划方案实现的条件和可行程度的评价就是可行性评价。其目的是了解实施教育目标、计划方案的物质条件、技术条件和经济效益。

③配置性评价。

配置性评价是教学评定的类型之一。一般在各学年、各学期开始时或开始前实行，配置性评价的目的就是了解学生是否具有达到教学目标必需的基础知识和技能，即学生的准备状态。教师可以根据学生在同年级或同年龄生中的地位以及个人在成绩水平上的差异衡量学生的预备状态。摸清情况，就可以更好地编班分组，妥当地安排教学计划等。这种评定因而可称为"配置性评定"。

3. STEM 课程评价体系构建的具体措施

由于 STEM 教育是一种新的教育模式，是教授关于科学、工程、数学和技术等综合知识的措施，在 STEM 教育的课前、课中与课后进行的评价被认为是最具有指导意义、最有用，用来促进师生"教"与"学"的成果的有效措施。

(1) STEM 教学评价体系构建的必要性

STEM 教育是教育界内发展较快、较受欢迎的教育模式之一。寻找最有效的 STEM 教学评价体系以及最优的教学策略与课程设计是每位 STEM 教师都要面对的问题，也是发展 STEM 教育要面对的问题。比如，如何评估学生课内外的表现以及需要评估哪些方面，这些类似的问题都是 STEM 教育评价体系所要解决的。搭建行之有效的 STEM 教学评价体系，是教学教育中最重要的一环。其有利于教学目标的实施，教学环境的改善；有利于教学方式以及教师能力的提升，教学内容更符合国家培养人才的需求；有利于学生更好地接纳知识，甚至与教师形成良好的师生氛围。

想要评估学生在 STEM 课程中获得知识的情况以及学生的思考方式，需要在每节课程的评估内容中列出 STEM 课堂的评估要素。

（2）STEM 课堂的评估要素

①检验 STEM 课程的质量。

一个能帮助学生提升能力的有效的 STEM 课程应当目标明确，确定哪些课程能使学生的能力得到提升，能完成 STEM 教育的核心任务，具体内容如下：

A. 注重识别和解决实际问题。

B. 应用特定年级的科学和数学概念。

C. 使用工程设计流程来指导学生思考和解决问题。

D. 创建原型（技术）作为解决方案并对它进行测试。

②评估解决问题所需知识的掌握程度。

有计划、有意识地在课堂上帮助学生建立特定的数学和科学的联系，这个过程一般不会自动发生。观察学生在进行 STEM 任务的时候是否懂得运用科学和数学知识来解决问题。比如，可以在课堂前、后准备一些引导学生的问答来快速了解学生是否掌握已教授的知识。除了确认学生对所学知识的掌握程度外，还需要确认学生能否真正掌握把科学和数学结合起来解决问题的方法。除了简单的讨论和问答这样的方式，还可以通过查看学生的工程学科笔记和测试来了解学生的学习情况。由于 STEM 课程是为了让学生深入探讨本年级的科学和数学，课程的成功与否也应该在总结评估和测试的分数上得到体现。

③观察学生小组协作的进展。

为使学生拥有良好的团队协作能力，教师可以在课前组织学生以个人或小组形式进行简短的自我评估。在学生的评估中可以包括以下问题：

　　A. 复盘之前团队在哪些方面做得比较好。

　　B. 团队中的每个成员是否都感到自己的价值，是否都参与其中。

　　C. 今后团队以及每个成员需要做的改变。

除此之外，教师还可以检查小组成员是否做到了以下几个方面：

　　A. 是否为建立卓有成效的团队制定行为准则。

　　B. 是否在需要的时候主动并且顺利地接受指导。

　　C. 是否定期对团队表现进行自我评估。

④评估 STEM 技能的发展状况。

现如今，社会的快节奏要求我们拥有了解并应对新问题以及长期得不到解决的问题的能力，需要发展实施 STEM 课程帮助学生培养这些能力。教师应该观察学生在这些方面是否有所提高，对同一个问题能否找到不同的解决方案。

　　A. 用更巧妙的角度和更富有想象力的方式把材料和想法结合起来创建解决方案。

　　B. 在设计原型中及时进行设备测试，查看设计的设备是否解决了问题。

　　C. 在成功完成对测试结果的评估后，继而分析并解读相关数据。

　　D. 了解对原型设计可以改进的地方并进行改进。

　　E. 创新交流想法的方式。

一般认为衡量一名教师的 STEM 教育课程效果的标准是能否给学生带来良好影响，学生的热情和兴趣是否有所提升，在学习科学和数学时是否会觉得不再与实际脱离。但是，衡量一个 STEM 课程真正有意义的标准应是学生对学科越来越积极的回应以及日益增长的参与度和理解能力。

⑤检视态度和自信心提升状况。

STEM 教育课程的首要目标里包括了帮助学生应达到的学习态度，帮助他们成为更出色的学生、有素质的公民。在目标里要求学生应达到的态度有以下几点：

　　A. 能够放心大胆地表达具有创造性的富有想象力的想法。

　　B. 不惧怕失败，可以在失败中寻找可以改进的机会。

C. 不断有新的想法提出，在解决问题的过程中随时提出新颖的想法。

D. 对待问题要有迎难而上、坚持不懈的态度，在寻找解决办法的时候要有孜孜不倦的态度。

E. 对待所参与的项目要全力以赴、认真对待。

F. 积极提问，增强求知欲。

G. 要把学到的 STEM 教育的知识应用到其他学科领域，学会应用与实践。

⑥STEM 学习和成长教学指标。

在学习 STEM 课程中，应该有意识地、有计划地让学生亲自动手去探索、去实践、去进行批判性思考。如果一位已经成功进行了基本项目学习教学的教师，那么他将会非常轻松地完成这种转变。在 STEM 教育中基于项目的学习教学法是 STEM 教学法中较为友好型的，其包含了 STEM 教学成功的必要成分。

如果教师使用的学习教法没有基于项目，那么在教授 STEM 课程时就要摒弃一些旧的、熟悉的教学活动，并采用新的、开放式的策略来鼓励学生进行交流、发明和创新。发展 STEM 教育的过程中，建立 STEM 教育评价体系，不断地对授课方式进行创新，跳出舒适圈，赢得执行 STEM 教育的成功。

在 STEM 教育中，不仅要建立行之有效的教学评价体系，还要教授学生自主评价，回顾以往的学习，有哪些成功的领域，如何成功的，有哪些需要加强的领域，都需要在哪些方面进行加强，在加强领域的同时是否要兼顾已经成功的领域，这些问题都要教授学生进行自主评价。教师要学会用学生的强项来鼓励学生，使学生形成积极的态度，让学生在需要改变和改进的领域做好准备。

三、STEM 课程评价的内容与策略

1. 从教学评价入手

教学评价是根据教学目标对学生学习过程以及结果进行价值判断的评价，一般包括对教师、学生、教学内容、教学方法手段等多方面的评价，主要是对学生的学习效果做评价。STEM 教育评价的设计可以结合 STEM 教育的特点并参考教学内容、教学方法、学生学习效果、价值等来设计适应 STEM 教育

的教学评价。

但面向文化传承的 STEM 教育注重的不只是学生的学习效果，STEM 教育旨在培养学生的能力，而实践、创新等能力的提升在学习效果层面上并不明显，学生的各种能力主要在学习过程中体现并得到提升，STEM 教育的学习过程主要是让学生提升解决实际问题的能力，使学生更能适应社会、更能感受文化的力量。所以，STEM 教育评价并不能简单地按照教育评价的定义来设计。

STEM 教育是一种注重个体差异、独立人格的教育模式，这使 STEM 教育既是"教育"，又不像是"教育"，反而更像是"关爱"，它的这种特点使 STEM 教育评价既是"教育评价"，又不像是"教育评价"，反而更像是"对学生情况的询问"。提升学生能力的同时又兼顾学生的个人发展情况，培养学生不同的兴趣爱好，从而提高学生学习的积极性。

因此，STEM 教育评价的方向不仅要关注学生对文化掌握的程度，更要考虑到学生不同的思维模式，帮助学生形成独特的思考模式。考虑到 STEM 教育模式的灵活性，STEM 教育评价也应该是灵活变通的。不同学校、不同教育机构有着不同的教学情况，因此教育评价也可以因情况而异。

虽然 STEM 教育评价设计灵活多变，但是必须坚守一个主要原则——立德树人。不仅仅是 STEM 教育评价，任何教学模式的教育评价都必须坚持立德树人的原则，良好的品德是每名学生应具备的基础素质，如果学生没有良好的品德，那么拥有再多知识也难以用到正确的地方。往年高才生因故害人事件时有发生，高智商犯罪更让人胆战心寒。教育评价的根本任务应该是立德树人，根本标准应该是立德树人的成效，必须杜绝"重智育轻德育、重分数轻素质"的现象，教学评价是用来促进学生身心健康、全面发展的，而不是用来为社会培养危险犯罪人物的。庆幸的是，现在大多数学校、教育机构认识到了这个问题并开始改变教育评价在德育方面的缺陷了。

2. 根据 STEM 教育教学目标来设计

本书中，传承我国优秀文化的 STEM 教育的主要目标是培养学生的综合素质，提升学生对国家文化的认同感与自豪感，增强学生对国家的归属感，从而培养出传承并创新文化、适合当下国情的复合型人才。STEM 教育评价的目标就是激发当下学生对文化的传承意识，同时促进学生提高综合素质。综合素质包括科学、技术、工程、数学等素质，而这多种素质各有作用。科学素质旨在让学生认识、理解自然客观规律，了解文化起源的科学原因；技术和工程方面的素质旨在让学生去实践，在客观规律下解决实际问题，能够全面地传承文化工艺与技法并实现文化创新；数学方面的素质旨在给学生提供解决问题的工具。因此，STEM教育评价就不能像传统教学评价模式一样将这些学科分开逐一进行评价，这使STEM教育评价不能像传统教学评价模式只停留在书面考试的形式上，同时对教师教学成果的评价也不能只参考学生的考试成绩。

在学习过程中，教师实际上是不参与的，教师仅仅起到一个引导作用，指引学生透过问题表象发现问题的本质、原理。教师可以通过教学评价的方式来引导学生，相对于总结性评价，过程性评价更适合STEM教育模式，学生可以摆脱应付成绩的束缚。

学生的综合素质包含学生对学科知识的记忆与理解，对于学生对各科知识与理解的评价可以参考传统教学评价的形式采用书面考试的形式进行考核，但STEM教学评价不是考试，只能作为STEM教学评价的一小部分，STEM教学评价的主要目的还是激发学生对文化传承、创新的兴趣，促进学生养成较高的综合素质和实践能力。

但无论评价设计是否合理，都应明确教育的本质——立德树人，因此任何教学评价模式都有着一个不变的重要目标就是让教师了解学生身心健康的情况，不能以评价的方式否认任何一名学生，教师的工作不仅仅是授业解惑，更是育人传道，所以了解学生的心理健康情况对教师和学生来说都很重要。

教育评价是随着学生的学习过程同步进行的一个过程，便于依据评价结果来发现当下教学方法的利弊从而调整改良教学方法。上述两个过程应该是相互促进的，STEM教育与STEM教育评价要达到这种目的需要构建一个系统性的教育评价模式。面向文化传承的STEM教育评价模式可以针对STEM教育目标来探索，针对培养学生的实践能力、激发文化传承和创新这一目标，可以参考用模拟型题型测试，就是给学生模拟一个虚拟的实际情境，让学生在这个情境中自己发现问题、寻找收集数据从而解决问题，最终达到文化传承和创新的目的。这种理想状态可以不受实际生活复杂变化的影响确切地考验到学生的实践能力、团队协作能力以及文化掌握程度，当然这种测试不利于提高学生适应社会的能力。

3. 根据 STEM 教育的教学方式来设计

STEM 教育主要的教学方式是项目学习法，即根据学生不同的兴趣、实际情况给学生一个研究主题，就像是企事业单位里面一个团队所做的项目，这意味着学生必须做出产品。这样一种特殊的学习方式会使教学评价更加复杂，这种学习方式需要有合作性、目标性、社会性，需要和研究过程相吻合，STEM 教育评价可以从这方面进行参考，教师在学生研究过程中要看学生在什么情况下学到了什么，什么情况下没学到什么从而筛选出学生不擅长的情况进行专项练习。

STEM 教育的学习内容是跨学科、多学科融合的，这使得 STEM 教育评价很难做好，因为在教育领域教学评价通常是单学科评价，而 STEM 教育评价更适合过程性评价、综合性评价，这对于缺乏经验的我们是一个不小的挑战。综合性评价是指系统规范地对多个方面综合进行的评价，需要针对评价对象建立一个系统的模型。过程性评价是指教师观察、总结学生在学习过程中每个阶段的表现、进步和出现的问题等，再根据这些数据对学生进行指导。但是，项目学习法的特殊性使其教育评价又不能完全按照综合性评价、过程性评价来设计，因为项目的最终成果是"研究产品"。

STEM 教育虽然是多学科融合的一种教学方式，但是它有侧重的学科，由于其教学方法的特殊性，其重点应放在技术与工程上，而数学与科学则为基础。对于教学重点的评价和基础的评价形式可以有所不同，对于数学、科学这种偏理论知识的学科，其评价方式可以采用书面知识考核；但是对于工程和技术这种需要实际操作的学科，书面知识考核显然不再适用。

工程与技术这两种需要实践的学科是需要学生的兴趣来支持的，而其目的也是培养学生的兴趣，那我们可以参考以活动为测量方式来进行教学评估，使学生乐于去测试、愿意主动参与其中。但活动评估不是简单地设计一个活动让学生参与其中，而是要有目的性地去设计活动，学生在活动过程中可以学到什么、表现出什么，都是要有目标的。在这种评估形式下，更易于形成学生的自适应学习和自适应评价。

4. STEM 教育评价策略

适用于文化传承的 STEM 教育的评价方法有很多种，仅仅用一种教学评价方法并不能兼顾学生的综合能力与个性，也难以确切地了解学生在学习过程中的身心健康情况，一个真正的 STEM 教育评价体系应该是多种评价方法结合产生的，以达到 STEM 教育与其教育评价相互促进的作用。

形成性教学评价是一个过程性的评价，该评价是连续的、变化的，教师可以实时了解学生的学习情况，使教师调整教学内容、教学方式更方便、更及时。但是，在评价过程中，多以教师评价为主，以课后作业的形式了解学生的学习情况，导致教师并不能清晰地了解学生综合能力的变化和学生们的性格差异与兴趣差异。所以，形成性评价只适合考查学生在项目学习过程中学到了什么、对知识的掌握程度。

学生自我评价、互相评价可以在一定程度上让学生正视自己，确切了解自己的兴趣与性格，反映较真实的情况，有助于教师了解学生的心理健康状况。在传统教育模式下，学生很少有机会自我评价、互相评价，导致学生对自己的性格、兴趣没有确定的了解，教师也很少有机会了解到学生的性格、兴趣等真实情况。STEM 教育强调学生们的兴趣与思维差异，在一个文化研究项目结束后，给学生一个自我评价、互相评价的机会，有利于教师掌握学生不同的兴趣与性格。在采用项目学习法的情况下，有利于教师安排学生团队、分配项目、研究主题等工作，有利于学生培养团队合作的能力与精神。

总结性评价是传统教学评价常用的一种评价方式，它直接根据学生的最终学习成果来评定优劣，侧重于学生学习成果而不细究学习过程。总结性评价是"应试考试"的产物，它通过考试的方式可以直接地让教师了解到学生的成绩是否进步。虽然随着教育改革不断深化，总结性评价越来越不被大家提倡，但我们仍可以取其精华，去其糟粕，利用其优势检测学生学习成果。在学生项目学习过程中，每个研究主题是要求学生得出"产品"的，这个"产品"就是 STEM 教育中学生的学习成果，通过判定"产品"是否科学、贴近实际情况的程度等多方面来评定学生在项目学习过程中是否得到提高，评价会更直观，更有利于教师直接了解到学生近期的学习态度、综合能力等是否得到提升。

四、基于科学和过程的形成性评价

随着STEM教育不断发展，构建适合STEM教育的教育评价越来越成为一个难题。虽然美国在2014年整体调整了教育体系，提出了STEM教学评价的标准包括教学内容、教材、教师素养、学习标准等方面，为STEM教育评价设计提供了方法，但是这样的教学评价通常更注重最终考试的结果。

1. 形成科学和过程的形成性评价的重要性

在教学过程中，学生的天赋、能力、性格等不同，导致在学习过程中每名学生的情况都不同，只有不断对学生进行教学评估，教师才可以了解到每名学生的学习情况、态度、身心健康等，从而使教师能及时调整教学策略，同时给学生一个展示自己的机会。所以，科学合理的教学评价对于教学质量是最重要的影响因素。由于STEM是一种综合了科学、技术、工程、数学为一体的教育模式，其具有了多元性、实践性、艺术性、趣味性等特点，与传统教育差异很大，传统教学评价模式已不再适用，需要构建一个科学的新型教学评价模式。

STEM教育的多元性、综合性，使新型教学评价的方法、工具也需要具备多元化的特点。同时，STEM教育在设计课程时需要兼顾学生基础知识的理解、综合素质的提高、实践能力的提升等方面，这些方面与学生不同的思维息息相关，并且需要学生在项目学习过程中体现出来，因此STEM教育评价的不仅仅是项目最后的"产品"，也是对学生在项目学习过程中的表现、行为等的评价。

学生项目学习的成果，如解决方案、专利、成品等"产品"，在项目中，这些成果是有着一定的标准的，这种具有标准的成果体现了学生的基础知识、实践能力等状况，学生为了达到标准不断改善成果，从而提升了学生的能力，同时激发了学生的学习积极性，这就是一种显现于学生学习过程中的评价。科学地设计成果的标准，使其构成具有科学思想的教学评价体系中的一项也是极其重要的。

STEM教学方法不仅具有多学科融合、重视实践的特点，还具有开放性的特点，因此学生在项目学习中得出成果的过程灵活多变，得出的"产品"也是多样化、个性化的，所以 STEM 教育评价需要兼顾学生的个性差异以及学习成果的多样化。

2. 形成科学和过程的评价体系的过程

综合考虑 STEM 教育的内容、特点、方式等，STEM 教育评价体系使用的形成性评价需要具备多样化、变通的特点，可以采用多种评价方法、形式，如课堂测试、检验"产品"实用性、学生自我评价、学生相互评价、教师评价等，使得教师可以及时、准确地了解学生的学习情况与个性，从而因人而异地设计教学内容。

基于科学思想的形成性评价同样需要利用工程、技术等方面的知识，因为设计一套完整的体系来给复杂多变的情况提供标准、指导的关键就是工程技术。其设计步骤大概有七步：（1）找到问题、影响因素，设计标准；（2）借鉴已有的，参考并研究；（3）设计符合标准的方案；（4）从中筛选符合标准的可以实行的方案；（5）依据方案构建体系模型；（6）测试模型并进行改良；（7）总结并反思。

设计一个评价体系时，设计者需要清楚地知晓将面临的问题，从而依据问题找到设计方向。在设计时，设计者需要考虑到实际情况中的影响因素，如学生水平、教师水平、资金等。而标准就是设计出的产品所需要满足的条件、特点等，这些是设计评价体系的前提。

STEM 教育起源于 1986 年的美国，1986 年到现在已经有许多国家引入 STEM 教育并设计出了符合其国情的 STEM 教育评价，中国作为后来者有着许多例子可以借鉴参考。设计者可以调查研究其他已有的 STEM 评价体系，发掘出重要的信息来帮助设计的进行，在设计开始前对已有的例子进行研究并借鉴可以使这项工作的效率更高。

当设计者准备好前提条件与工作后就可以准备设计 STEM 教育评价体系的方案了，由于教育评价方式的多样性，设计者在设计方案时可以设计出多个符合标准的方案，以便后期相互比较选出更适合的方案。

在设计者设计出多个 STEM 教育评价体系的方案后，设计者需要考虑到面临的实际情况，如实行该方案当地的教师素质、学生素质等因素对这些方案进行探讨模拟，进而从中筛选出所有可能实行的符合标准的方案。最后再将这些筛选出来的方案进行比较、整理选出最因地制宜并且符合标准的方案。这需要设计者确切了解方案实行地的情况。

在最终选择出方案后，就可以构建 STEM 教育评价体系的模型了。这需要设计者去实地访问、考察当地情况，并根据收集到的信息、自身具有的资源等来构建符合当地情况的 STEM 教育评价体系模型，使构建出来的模型更完整、更符合实情。

在设计者构建出较为完整的模型后，还要进行一项重要的工作，那就是对该模型进行模拟测试。考虑到实际情况的复杂多变，需要对模型进行多次模拟测试，并且记录每次模拟测试出现的意外、问题等数据。在每次模拟测试后，根据其发现的问题、意外等数据对方案进行针对性的优化调整，在调整后重新对方案进行模拟测试，并记录新的数据。在这样循环的过程中，STEM 教育评价体系的模型会不断完善，更符合实际情况，打造出一个完整的、切实可行的、基于科学方法和思想的 STEM 教育评价体系。最终，设计者及团队需要反思设计过程中出现的问题并总结经验，从而使设计团队不断进步。

3. 基于科学和过程的形成性评价案例

美国南卡罗来纳大学与南卡罗来纳州的博福特中学曾联合面向美国初中一年级的学生提出了"水过滤器"这个 STEM 教育研究主题。该学习项目基于科学思想并且主要围绕工程与技术的研发设计进行学习研究，初中一年级的学生需要经过考察研究、设计研发、构建测试、总结反思等步骤最终推出一套完整实用的过滤系统，并需要通过模拟过滤饮用水中可能出现的污染物的考验，从而达到锻炼学生项目学习与实际生活紧密结合的思维目标，提升学生的综合素养与学习能力。这两所学校巧妙地结合了科学思想与工程学思想将项目学习过程中的形成性评价显性化。

无论是什么教学模式，教学的首要任务都是找到一种学生可以理解领悟的方式，让学生明白他们在某些条件下需要面临的问题或者需要完成的任务，并且最终成果需要符合规定的标准。就"水过滤器"这个研究主题来说，教师首先可以让学生对实际有关生活环境工程的课题进行讨论，讨论需要侧重于生活饮用水这方面，这与学生生活紧密相关，所以讨论的效率比较高，但是在讨论前需要给出一些问题让学生讨论出来，如干净水源与安全水源的不同点和用处，为什么要对水进行过滤，淡水需要过滤掉哪些物质后才达到饮用的标准，哪些物质危害性较高等问题，从而防止出现学生盲目讨论的问题。在学生讨论完后，教师就可以发布研究项目了，如南卡罗来纳州某某小镇的居民时常受到饮用水杂质多、饮用后身体不舒服的困扰，需要一个可以净化饮用水水源的过滤器，现在居民请你们团队来为他们设计建造一个过滤装置来净化他们的饮用水水源，尽量去除其中杂质［实验过程中可使用 $Ca(OH)_2$ 和 $Mg(OH)_2$ 来模拟水中的杂质，或者准备专业的测试仪器以便学生进行实验］。

这一研究项目明确规定了项目"产品"，就是能够去除饮用水水源中杂质的过滤装置。而这个"产品"需要达到的条件——去除饮用水水源中的杂质，就是这次研究项目需要达到的最终标准。教师在学生们完成项目后进行评价时依据的就是这个最终标准。因此，在着手设计前，学生就清楚地知晓了评价的依据的标准。这就是使评价显性化。

之所以基于科学和过程去构建的 STEM 教育评价体系可以选用形成性评价，是因为形成性评价需要遵循科学性原则、多元化原则、激励性原则、可行性原则、情感原则，这些原则与 STEM 教育的多学科融合、注重实践、注重学生性格、兴趣等特点非常贴合，在构建基于科学和过程的 STEM 教育评价的路上，形成性评价扮演着不可替代的角色。

第五章

以我国优秀传统文化为主题的 STEM 课程实践

我国传统文化种类颇多,基于课程设计原则,以传承我国优秀传统文化为课程的 STEM 课程可以按照文化内容,分为民族服饰、民族建筑等几大类(具体可以参考图 5-1)。文化课程一直存在于我国教育体系中,从萌芽时期背诵的那些朗朗上口的古诗,到后来贯穿学习生涯的成语典籍、文言文赏析等文学作品,乃至大学各种中文系、戏曲表演系等文化主题的系统学科,都从不同角度印证了我国传统文化的源远流长、博大精深。为加强我国新时代青年对我国文化的自豪感,对祖国的认同感、归属感,我们更应加速教育改革,尽快完成以我国优秀传统文化为主题的 STEM 教育制度体系的建立。

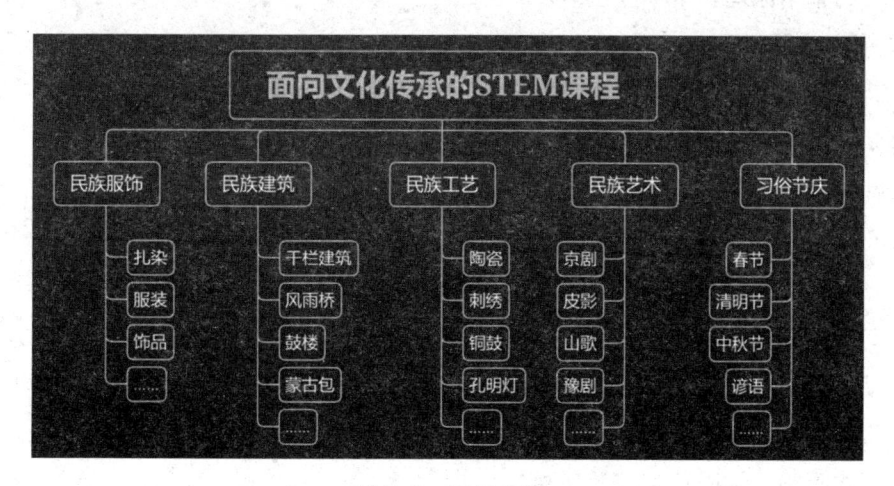

图 5-1 课程分类

一、民族服饰类

民族服饰是民族文化的具象形符号之一，民族服饰作为人类社会发展进步的承载者，它可以直接展现民族所生活的环境、习惯等。我国有56个民族，各民族服饰的织染、工艺、装饰、图案、色彩等都各具特色，不仅如此，所展示出的实用性也为人类的文明与进步添上了浓厚的色彩。随着社会不断进步，民族服饰逐渐被种类繁多、简洁方便、制作工艺简单的"快餐时尚衣服"替代。面临着中国传统民族服饰手工艺失传的情况，本节以扎染技法为例，将其纳入STEM课程，让学生在学习学科知识的同时，体会民族服饰传统染色文化，体验不同民族的风土人情，杜绝民族服饰文化传承的断层现象，加深学生对中华民族文化的认同感与责任感。

1. 教学内容

（1）了解扎染技法文化，学习扎染手绢等小型布块，理解民族服饰所承载的文化意义。

（2）通过体验扎染技法，学习其中所蕴含的STEM学科知识，掌握扎染技法的基本原理和基本技法。

2. 课程目标

以传统民族服饰扎染技法为例，让学生从中学习到扎染技法的STEM学科知识，了解扎染承载的历史与文化内涵，体会到民族服饰传承的重要意义，增强对我国优秀传统文化的自信感。

3. 教学重难点

（1）让学生认识到传统服饰扎染的魅力，理解文化传承的意义。

（2）对于不同阶段的学生，教学难点不同。低年级的同学对于扎染技法的动手能力不强，例如，对布块进行捆绑、捣烂植物等手工。高年级的同学对于复杂的捆绑技法操作不熟练，除此之外，在创新技艺方面会受到固有思维模式限制，难以达到完美效果。

4. 教具准备

若干块白色手绢/布块——用于扎染；

橡皮筋/麻绳/线——用于扎染过程中进行捆绑；

大口径塑料桶——对捆绑好的布块进行浸泡；

搅拌棒——搅拌染料，使染料充分溶解；

水——与染料进行配比以达到染色最佳效果/洗净染色布块上的残留染料；

化学染料——适用于天然植物达不到的颜色；

古老传统的染色植物——蓼蓝、板蓝根、艾蒿等适合染色的天然植物；

剪刀——用于剪断染色结束后捆绑的麻绳等物；

若干块干净的毛巾——染色结束后，需用干净的毛巾或布块吸净染色布块上的多余水分，防止色彩晕染。

5. 教学流程

（1）课程导入

课程导入有视频影像、直接提出问题等多种方式，具体根据学生情况，可选择不同的导入方式。大多数教师会选择纪录片这种直观的方式进行导入，让学生带着问题进入扎染的世界，可以直观地感受到扎染图案的美所带来的冲击力。也有教师会选择将图案漂亮的扎染作品带到课堂，直接导入课程。

（2）课程教学

课程教学内容一般会根据学生的不同阶段而改变，但所有的教学内容都是以国标为准则、以校标为基础而设计的。根据 STEM 课程特点，在扎染活动过程中，让学生自主提出问题、解决问题。例如，教师在扎染活动前，要求学生扎染出的图案以放射形为主，让学生自主提出如何捆绑出放射形图案的问题；或要求作品颜色是靛蓝色，让学生自主选择色彩搭配，以及与水调配。在扎染活动中，教师适时引导学生创新在颜色上、在图案上的扎染工艺，让学生体验扎染的千变万化，激发学生创造的想象力与对传统服饰的兴趣。扎染活动结束后，询问学生扎染过程中所蕴含的自然知识，帮助学生进行 STEM 学科知识串联，讲述扎染工艺蕴含的理论知识，加深、巩固学生的扎染工艺知识。一般教学内容流程见表 5-1。

表 5-1 扎染课程教学流程

教学环节	目标任务	教师活动	学生活动	设计意图	任务难度
任务发布	根据课程安排，以2~6人为一小组进行扎染活动	以扎染工艺视频或作品为例，讲述扎染制作原理与过程，说明其中注意事项。鼓励学生发散思维进行扎染工艺创新	讨论扎染工艺的人员安排与问题解决方案。通过各种途径：上网、翻书等查找扎染制作工艺，并合作确定小组创新方向	确定扎染图案与创新方向。明确设计目标	适中
科学探索	选择扎染技法，确定扎染图案制作的方式方法	安排小组长为组员分配设计任务，当扎染图案设计完成后，组织学生绘制预期扎染草图，引导学生思考对于图案、色彩等变量的思考及发现问题。通过讨论及总结，最终确定实现扎染图案的技法	根据分配的任务，每个组员自行研究，通过各自的研究成果进行讨论、总结，确定扎染过程中所需要的材料和工具以及各种材料的配比	确定扎染设计图案。加强学生空间想象力、合作力	适中
工程设计	根据扎染制作方法，将布块按照设计图进行捆绑，并将天然植物捣碎，熬出汁液，或直接将化学颜料与水进行合适配比（具体如何获得颜料按照学生情况进行），然后将捆绑好的布块浸泡到颜料中，等待染料上色成功后，把绳子剪开，将布块上的多余染料轻揉洗净，最后吸干布块上的多余水分	示范扎染过程中捆绑的手法、颜料的配比，强调扎染过程的安全性、捆绑的手法以及力道，颜料与颜料和水之间产生的化学反应等，在技术上给予学生指导和帮助，并帮助学生解决扎染过程中的突发问题	根据小组设计的扎染图案，用合适的扎结技法将布块进行捆绑；根据设计的图案颜色，调配出合适的染料，将布块完全浸入染料	扎染设计图案的具体实施。激发学生动手能力以及实验兴趣	较大

续表

教学环节	目标任务	教师活动	学生活动	设计意图	任务难度
技术实验	修改以及完善所制作出的扎染图案	组织学生对设计草图与完成品进行对比,根据不同之处进行谈论分析和总结,指导学生反思问题	在教师的指导下,完善扎染完成品,并对完成品进行讨论分析、修改,尽可能地达到设计的草图图案	讨论分析并修改扎染完成品。让学生实现发现问题、解决问题的自我循环	较大
总结评价	总结扎染过程中所运用的学科知识,并对过程中的参与者进行评价	对学生在扎染过程中的表现进行评价,对扎染完成品进行评价	对比设计草图与完成品,对过程中的自己和组员进行评价	分析扎染过程中的问题,评价作品的完成度。明确学生的自我认识,提升学生自我发展水平	较大

6. 评价与反馈

(1) 作品展示

学生将扎染作品进行展示,可以让学生进行作品讲解,提高学生语言表达力;在学生作品中评选出优秀设计作品,可以以多种标准进行评选,如图案清晰、创意想法好等评选出多组优秀设计作品,增强学生自信心,提升课堂活跃度。教师在对作品评价时,以鼓励为主,不能将自己的喜好强加于学生作品与学生本人身上,更不能敷衍。

(2) 评价标准(见表5-2)

表5-2 扎染服饰工艺评价标准

考核内容	评分标准	分值
比例明确:考核学生是否明确染料与水和染料之间的配比	配比正确,操作规范,可以达到布块的着色效果	20
合作默契:小组成员是否配合默契,能够友好且合理地完成各自的任务	分工合理,各组员明确自己的任务目标,并能明确表达扎染过程中的不同意见并讨论	30

续表

考核内容	评分标准	分值
视觉效果：考核学生对图案的审美能力	布块图案清晰，着色面均匀，图案可以获得组员的一致认可	20
创意设计：考核学生对扎染技法以及图案的创新能力	扎染技法新颖，与现代工具相结合，体现了创新思路	30

评价的内容要遵循 STEM 教育理念，以学生为中心，切不可只以教师主观意识作为评判标准，详细的评价准则可参考第四章内容。

（3）评价得分表（见表 5-3）

表 5-3 评价得分标准

评分项目	比例明确（20分）	合作默契（30分）	视觉效果（20分）	创意设计（30分）	得分	评价人
学生自评						
组员互评						
教师评价						
最终得分 = 自评得分×20% + 互评得分×30% + 师评得分×50%						

扎染工艺作为民族服饰最具特色的代表工艺之一，传承的学生越来越少。在普通课程中不涉及服饰设计课程，服饰设计课程中又和民族服饰连接不紧密，内容浅显、课时较短，达不到最终传承和创新的目的。无论是扎染工艺还是其他民族服饰课程，都应尽可能地与基础课程相结合，在 STEM 课程中，既能让学生学习学科知识，又能让学生对民族服饰产生兴趣，在生活中认识到民族服饰的美，如此才会对民族服饰产生认同感与传承的责任感，继而达到将民族服饰传承和创新的目的。

二、民族建筑类

由于中国疆域广阔，各地地理环境不同，产生了丰富的建筑类型。民族建筑具有多元性、丰富性、原真性以及景观独特性等文化特征，既反映了各族人民与自然环境的和谐共处之道，又反映了各民族历史上不同的社会形态和家庭构造，还反映了各民族的文化类型、差异以及宗教信仰。民族建筑是各民族人民智慧的结晶，象征着该民族的智慧和创造力，是民族文化的标志性符号。各民族建筑风格各有不同，如傣族的竹楼、彝族的土掌房、哈尼族的蘑菇房、蒙古族的蒙古包等，都从不同层面反映了其蕴含的文化价值。面向民族建筑文化研究的 STEM 课程，可以从其经济价值、审美价值以及科技价值等多角度探索民族建筑文化，以著名的傣族竹楼为例，了解竹楼建筑文化，传承并创新民族建筑文化。

1. 教学内容

（1）了解傣族竹楼建筑结构，学习搭建竹楼模型，了解傣族建筑历史文化。

（2）通过搭建竹楼模型，学习其中 STEM 学科知识，理解地理环境对建筑影响的重要性。

STEM 元素分析如下：

科学：了解竹楼所适应的气候、地理环境。

工程：竹楼模型的架构设计、结构连接过程的工艺。

数学：模型主干之间的尺寸比例。

2. 课程目标

以竹楼为例，使学生明白地理环境对建筑材料和风格的影响，了解民族建筑的文化价值，感受民族建筑的魅力，提高构建模型的创造力、思维逻辑以及动手能力。

3. 教学重难点

（1）学生对于世界地理环境的认识不全面，在选择建筑材料方面容易出错。

（2）在竹楼建筑模型的结构解析以及搭建等技术方面较为困难，创新建筑模型并搭建。

4. 教具准备

若干等长均匀的竹排、主结构圆木，美工刀，线锯，木胶，热熔胶，钢尺，记号笔。

由于竹楼模型涉及木条的分割以及木条与木条之间的粘连，教师在指导学生使用各种工具时,需时刻提醒学生注意安全,严防烫伤、划伤。

5. 教学流程

(1) 傣族竹楼课程介绍

傣族主要分布在我国云南西双版纳地区,属于亚热带季风气候,具有潮湿多雨的特点。为适应当地气候环境情况,傣族多以干栏式建筑——竹楼为主。

傣族竹楼为上下两层的高脚楼房,下层七八尺,四周无围挡,一般用来堆放杂物、放养牲畜等。登梯上楼会先看见露台,一般以晾晒农作物为主,搭建的屋子则是人居住的地方。居住的地方非常宽敞,空间较大,分为堂屋和卧室,堂屋设火塘,一般会日夜燃烧,是做饭或聚餐的地方,整个区域少遮挡物,通风条件极好。竹楼屋顶不高,由茅草铺盖,屋檐呈"人"字形向两边倾斜,一般没有天窗;当屋顶较高时,屋檐两侧会有小窗,后面会有小门。竹楼整体的梁柱、门窗、楼板全部由竹子制成:粗竹子做竹楼骨架,竹编篾子做墙体,楼板用木板或竹篾,施工搭建方便简洁。竹楼上下两层有效地起到了隔热、通风、遮阳、防潮、抗洪、预防野生动物和虫害侵扰的作用,非常适宜西双版纳潮湿多雨的气候条件。

(2) 课程教学

傣族竹楼的建造是傣族人民在生活中实际应用的技能,学生在实际生活中可以通过参观竹楼实物,增加学习兴趣,以竹楼作为文化输出的支点,开展以傣族建筑为代表的民族风俗习惯、历史文化,让学生探究不同建筑风格产生的原因,激发学生对各种建筑材料特性的研究与创新开发。在搭建傣族竹楼模型活动中,教师要以学生为主,让学生自主研究竹楼模型的主体结构、搭建方法以及实施方案,充分发挥学生主观能动性,尽量在过程中引导学生搭建STEM知识体系,形成统一的、有条理的知识架构。教学内容见表5-4。

表 5-4 傣族竹楼课程教学流程

教学环节	目标任务	教师活动	学生活动	设计意图	任务难度
任务发布	根据课程安排，以4~6人为一小组进行搭建竹楼模型活动安排	以实体竹楼为例，讲述竹楼的主要结构以及区域划分，以学生自主研究为主，在制作过程中说明模型制作的安全问题。鼓励学生发散思维创造不同工作区域	讨论搭建竹楼模型的人员安排与问题解决方案。通过各种途径：上网、翻书等查找竹楼结构搭建方式方法，并合作讨论小组创新方向	确定竹楼模型搭建架构与创新方向。明确设计目标	适中
科学探索	选择竹楼模型施工方案，确定搭建的方式方法	安排小组长为组员分配搭建任务，当竹楼模型设计完成后，引导学生思考竹楼主体搭建。通过讨论及总结，最终确定实现搭建竹楼模型的方案	根据分配的任务，每个组员自行研究，通过各自的研究成果进行讨论、总结，确定模型搭建中所需要的材料和工具以及各种材料的尺寸	确定竹楼模型搭建施工图。加强学生空间想象力、合作力	适中
工程设计	根据竹楼模型制作方法，将竹排、圆木按照施工图进行分割，并将材料按照相对应的区域进行分类，经过简单的组装与搭建后，用木胶、热熔胶进行固定	示范制作过程中工具的正确使用方法，强调安全性。以学生自主搭建为主，在技术上给予学生指导和帮助，并帮助学生解决制作过程中的突发问题	根据小组讨论的施工图，用合适的材料进行尺寸裁剪；将模型结构材料进行分类、组建，利用木胶将各竹排固定坚实	搭建竹楼实物模型。激发学生动手能力、团队合作能力以及实验兴趣	较大

101

续表

教学环节	目标任务	教师活动	学生活动	设计意图	任务难度
技术实验	修改以及完善所制作出的模型，处理模型的细节，如多余的胶水、突出的木条等	组织学生进行模型和实物对比的探讨，根据不同之处进行分析和总结，指导学生反思问题，创新模型结构	在教师的指导下，对完成品进行讨论分析、修改，尽可能地还原施工图，及竹楼实物	讨论分析并修改模型。让学生实现发现问题、解决问题的自我循环	较大
总结评价	总结竹楼模型制作过程中所运用的学科知识，并对过程中的参与者进行评价	对学生在制作过程中的表现进行评价，对竹楼模型进行结果评价	对比施工图与模型，对过程中的自己和组员进行评价	分析模型制作过程中的问题，评价模型的还原度以及创新部分。明确学生的自我认识，提升学生自我发展水平	较大

6. 评价与反馈

将学生竹楼模型作品进行展示，根据评价标准（见表5-5）进行优秀作品评比。课堂结束后鼓励学生创新竹楼建筑，以当地实际情况为前提，甚至提出优于竹楼建筑以外的可实施建造方案。

表5-5　傣族竹楼模型评价标准

考核内容	评分标准	分值
比例精确：考核学生是否在制作过程中，可以精确各部分竹排、圆木的尺寸，竹楼模型是否稳固	裁剪尺寸正确，操作规范，可以将裁剪的竹排、圆木安放到合适的位置，竹楼模型具有一定的承重性，结构坚实	20
实用价值：考核学生是否对竹楼模型的分区能合理规划，创新部分是否符合实际应用	对竹楼结构分区合理，建筑功能齐全，有创新部分，且创新部分功能合理实用	30

续表

考核内容	评分标准	分值
合作默契：小组成员是否配合默契，是否能明确自己的任务	小组成员可以清晰明确任务，能够独立完成所负责的分区的模型搭建	20
学科知识：考核学生是否对建筑材料所应用的地区有基本认知，可以根据某地实际情况设计符合该地的建筑	能独立讲述我国境内地理情况，可以根据地理情况分析出该地建筑类型	30

评价标准与得分表（可参考表5-3）的内容都可按照课程内容和学生学习情况做出调整，对于评价标准与得分表的内容设计，尽可能地量化评价，以促进学生的个性发展。

傣族竹楼只是我国民族建筑代表之一，民族建筑背后的价值不仅仅是提供给人民庇护的实用价值，还是历史文化流传至今的瑰宝。民族建筑蕴含的STEM学科知识包含工程类，建筑构造、建筑材料搭建、建筑实用与美观等；科学类，气候环境对建筑的影响、地理位置等；文化类，居住习惯、历史来源等多方面学科知识。在实践活动中，引导学生探索气候对建筑的影响问题，但不可直接提问，可以以问问题的形式进行引导，如"傣族为什么选择竹子做建筑材料、房子建成上下两层的目的是什么"达到让学生自主提问并思考解决的目的。因课程安排时间有限，教师在整理知识体系时，要分清主次、突出重点，拓展相关知识点要点到为止，对于有相关兴趣的学生鼓励课下积极探索，在有必要的情况下可以成立兴趣小组进行研究。

三、民族工艺类

民族工艺涵盖的内容广泛，在生活中随处可见。如家家户户使用的陶制碗碟、逢年过节含有祈福寓意的孔明灯、服饰上流行的精致刺绣花纹、手工编织的各种样式的毛毯、用来插花的漂亮彩色玻璃瓶等，都是古人因为各种原因、经过各种试验而研发出的民族手工艺术品，经由时间的磨砺，很多民族工艺品实现现代化转型创新发展，成了更加符合现代社会潮流且实用的工艺品。可以说，民族工艺品是生活中最贴近学生且受学生喜爱的民族文化之一。但随着社会进步，科技越来越发达，民族工艺品开始由机器生产，掌握民族工艺的手艺人也渐渐转行，纯手工工艺品被机器生产的批量化、同质化产品替代，民族工艺渐渐没落。学习民族工艺不只是为了传承文化，还是培养学生探索知识本源、激发学生研究兴趣的重要机会。万事万物的发展都有必然的起因，学会挖掘事物真相，才能更好地运用事物且发展创造新的事物产生。民族工艺并非简单的小朋友动手做手工，其中蕴含的 STEM 学科知识并不少，以铜鼓为例，鼓的制作方法、声音的产生、音律的节奏等蕴含着丰富的学科知识。只有用心学习工艺课程，才能体验到民族工艺蕴藏的巨大能量。

1. 教学内容

通过学习民族工艺品铜鼓文化的发展，掌握铜鼓的制作原理和方法，学会制作铜鼓。理解并能在生活中运用到铜鼓课程中蕴含的 STEM 学科知识。

2. 课程目标

通过铜鼓工艺品，体会社会人民生存所需掌握的技能，增强学生同理心。理解铜鼓等工艺品制作的不易以及其蕴含的文化意义，激发学生传承民族工艺品并创新的兴趣。

3. 教学重难点

铜鼓的铸造通常使用合金通过泥型法、失蜡法以及两者并用的方法定型，经过整铸或浑铸等方法将主附件结合而成。铜鼓本身铸造材料与方法难以在课堂上让学生真实体验，为达到铜鼓制作的真实感，除让学生利用替代材料模拟制作铜鼓方法外，可以带学生到铜鼓制作基地真实地体验铜鼓制作的流程。

4. 教具准备

在课堂上无法实现真正的铜鼓铸造，可以利用生活中的材料制作简易的铜鼓模型。材料可用：一次性的塑料碗、卡纸、彩色画笔、双面胶、剪刀。

5. 教学流程

（1）铜鼓课程解析

在进行铜鼓制作前，可以让学生探索声音的来源。通过触摸发声的喉咙、弹击压在桌面一半的尺子等小实验，让学生了解振动才能产生声音的科学常识。从小问题延伸至对铜鼓发声的探究，引导学生发现铜鼓浑厚的声音是敲击鼓面导致鼓内空气振动而发出的。

我国是世界上发现铜鼓数量最多的国家，铜鼓的制作历史久远，在古代战场、祭祀、庆典等场合均有所涉及，它不仅作为一种乐器、重器、礼器实用性强，外表的美观也根据各地发展情况而不同。鼓面多以放射状的多角星、太阳纹为中心，周边晕圈辐射各种现实图案做装饰，整个画面丰富多彩。铜鼓是一门学生在提升科学知识的同时，增加传统美学造诣的优秀课程。

（2）课程教学

铜鼓无论从其外观还是其铸造工艺上，都反映了当时生活的哲学思想、审美情趣与生活智慧。随着工艺水平的不断发展进步，铜鼓的造型越来越独特，饰纹更加精美，其中蕴含的深意也各不相同，鼓身的装饰物庄重、雄强，鼓面纹路浪漫、神秘。在引导学生探索铜鼓制作方法时，也要提醒学生探索关于各地不同文化所产生的铜鼓造型不同的原因。具体教学内容见表5-6。

表5-6 纸质铜鼓课程教学流程

教学环节	目标任务	教师活动	学生活动	设计意图	任务难度
任务发布	根据课程安排，以2~4人为一小组进行探索声音变化与制作铜鼓模型活动	通过水杯中不同高度的水或鼓面上的沙粒，为学生展示声音变化时所产生的不同振动幅度，同时引导学生探究鼓发出声音的振动位置。让学生理解鼓的构造与制作方式，鼓励学生通过现有材料模拟制作铜鼓	讨论声音的来源与声音和振动的关系。分析鼓的构成结构，并了解发声来源。能够分清平面与立体的区别，能够了解鼓身与鼓面饰物的文化含义	了解声音的产生，确定纸质鼓结构。明确设计目标	适中
科学探索	选择合适的材料，将声音的听觉转向视觉，探究声音的来源与音律变化的原因，了解铜鼓饰物所代表的基本含义	引导学生利用现有资源，将声音可视化，思考乐器发出不同音律的原因。通过讨论及总结，了解铜鼓饰物代表的含义	根据分配的任务，每个组员自行研究，通过小组互相讨论、总结，确定声音与振动的关系，并探讨铜鼓饰物的文化含义	确定纸质鼓样式。加强学生统感系统的训练，增强对音律和美学的欣赏	适中

续表

教学环节	目标任务	教师活动	学生活动	设计意图	任务难度
工程设计	通过使用塑料碗、卡纸等材料，模拟铜鼓的造型，制作出可以击打出声音且带有图纹的"纸质铜鼓"	在技术上给予学生指导和帮助，并帮助学生解决制作过程中的突发问题，不参与实际动手制作过程	小组讨论纸质铜鼓制作的结构和材料，根据小组讨论制作施工方案，用合适的材料进行尺寸裁剪并对鼓面进行彩绘装饰	制作纸质铜鼓模型。激发学生动手能力、团队合作能力以及实验兴趣	较大
技术实验	通过击打纸质铜鼓，听其所发出的声音是否由空气振动产生，是否可以将不同纸质铜鼓敲出不同音律	组织学生进行组与组之间的交流与探讨，根据对不同纸质鼓的击打所发出的声音进行分析，反思音律不同的原因	在教师的指导下，对完成品进行讨论分析、修改，尽可能地还原铜鼓样式，以及铜鼓饰物	讨论分析并修改纸质铜鼓。体验生活中音律的魅力	较大
总结评价	总结纸质铜鼓音律不同的原因	对学生在制作过程中的表现进行评价	对比纸质鼓与铜鼓结构不同之处，分析音律的特色	分析制作纸鼓过程中的问题，了解音律。明确学生的自我认识，提升学生自我发展水平	适中

6. 评价与反馈

将学生纸鼓作品进行展示，根据评价标准（见表5-7）进行优秀作品评比。课堂结束后鼓励学生创新铜鼓造型，发现更多民族手工乐器，将音律的变化融会贯通。

表 5-7 纸质铜鼓课程评价标准

考核内容	评分标准	分值
结构明确：考核学生是否在制作过程中，可以正确认识铜鼓结构，明确声音的产生	可以通过身边的物体发现声音靠振动产生，通过不同的物品振动得出不同音律	20
实用价值：考核学生是否对音律有正确认识，对色彩、饰纹有欣赏水平	可以哼唱歌曲，绘画简单的图纹，对各种类别的艺术有基本认识	30
合作默契：小组成员是否配合默契，是否能明确自己的任务，正确探究声音和音律以及图纹的问题	小组成员可以清晰明确任务，能够合作完成协奏曲以及鼓的制作	20
学科知识：考核学生是否对声音、图案以及铜鼓构造有基本认知，是否可以根据要求寻找正确的音律以及绘画图纹	可以通过随堂测验的方式了解学生对声音、铜鼓文化的掌握情况	30

铜鼓是我国民族工艺文化宝库中的瑰宝之一，作为一种综合性的艺术性商品，其中融注了古代人民的审美意识、生活理念。铜鼓流传至今有两千多年的历史，其中承载的民族文化是不可估量的，作为民族文化界的"活化石"之一，铜鼓已经成为壮族等部分南方少数民族不可分割的一部分，是少数民族文化的精华所在。不少南方地区仍旧在祭祀、节日庆典等场合使用铜鼓，甚至举办着"铜鼓文化节"。如果条件允许，教师可以在授课结束后，带领学生到真实的铸鼓工厂，切实体验铜鼓制作过程。我们在新时代不能只以未来为发展方向，还要不断加深对民族工艺文化的研究与保护、传承，从旧的事物里开出新的文明，继续加强对民族工艺文化的发展和创新。

四、民族艺术类

艺术涵盖的范围非常广泛，按其内容基本分为八大类，即文学、绘画、音乐、舞蹈、建筑、雕塑、戏剧和电影。艺术体现和物化了人类的某些审美观念、审美情趣和审美理想。艺术的审美创造和审美接受都需要主体的感官去感知和交流，引发相应的审美体验。艺术的审美分类应以主体的审美感知和感知方式为基础。根据这一原则，艺术可以分为四类：语言艺术、造型艺术、表演艺术和综合艺术。

具体表现为：语言艺术，指以诗歌、散文、小说等为主的文学作品；造型艺术，指绘画、建筑、书法、摄影等视觉艺术；表演艺术，指音乐、舞蹈等以展示、表演为主的作品；综合艺术，指戏剧、戏曲、电影等多种艺术形式有机结合成的艺术作品。

我国民族艺术发展非常全面，艺术类别基本全部囊括，并且许多文艺作品作为中华民族艺术被世界所熟知，例如，京剧、古诗词、各种书法以及山水画等都有代表作，数不胜数。民族艺术不只是对美的欣赏，还是智慧的结晶、思想的体现，更是文明的象征。以皮影艺术为代表，增加学生对色彩的认识度、对光影的运用以及对于关节运动原理的相关STEM学科知识，了解皮影艺术的文化发展以及皮影与科技相结合的现代艺术——动画、电影制作，提高学生综合素质与实践能力，以达到有效传承和创新皮影艺术的目的。

1. 教学内容

了解皮影基本知识：皮影的历史发展、基本的表演形式、人物角色、舞台服装以及经典表演段落。挖掘和理解皮影的文化特征和文化内涵，创造具有特色的角色造型、舞台建造和排布设计。

2. 课程目标

通过学习可以制作皮影经典人物，运用光影知识，配合具有节奏感的戏曲音乐，可以以组为单位编撰一台简短的皮影戏，并可以表达故事以及舞台的设计理念。

3. 教学重难点

皮影艺术主要运用了光影知识以及关节运动原理，关节运动原理实际涉及一些机械制作等科技方面的内容，教师需要教授学生在现实生活中运用相关的理论知识，提升学生对现代科技的了解，激发学生对机械等科学技术的兴趣和研究，是STEM课程教育的主要目标之一。

4. 教具准备

纸板、彩色马克笔、剪刀、线、粗针、大型手电筒或探照灯、幕布、木棍、美工刀、铅笔。

5. 教学流程

（1）课程导入

皮影所涉及的理论知识综合性强，整体较为复杂，包括色彩、音乐以及关节运动、光影原理等，教师可以通过视频导入的形式，参考真正的皮影制作过程与表演形式，明确皮影戏的课程目标。让学生先模仿制作皮影，随后再进行皮影人物、场景等方面的创新。

（2）课程教学

皮影艺术经过时间的淬炼，在其制作工艺与表演上都已发展至炉火纯青的程度。皮影戏课程主要内容是学习皮影制作原理，在学生制作完成后，教师应以学生掌握的技能为目标，不强求学生达到专业程度，但仍要以专业态度对学生进行指导。具体教学内容见表5-8。

表5-8 皮影课程内容

教学环节	目标任务	教师活动	学生活动	设计意图	任务难度
任务发布	根据课程安排，以4~8人为一小组进行制作皮影并创作皮影戏的活动	通过视频详细讲述皮影的发展历史与制作工艺。帮助学生厘清光与影的关系，关节运动的原理。鼓励学生通过合作搭建皮影戏舞台	了解光影与关节运动的理论知识。分析皮影的组成结构。能够理解皮影戏中，光、人物关节运动、色彩、音乐和故事讲述的重要性	了解皮影戏的诞生，确定皮影戏的组成结构。明确舞台设计目标	适中
科学探索	了解皮影发展历史与文化，选择合适的脚本，讨论脚本中的人物制作方式与演绎方式，可以自创故事脚本	引导学生利用现有材料，将皮影人物进行身体部位拆分，探索皮影人物关节运动原理。通过视频或参考资料，明白光影变化、色彩、音乐对舞台艺术的重要性	通过小组成员互相讨论、总结，确定脚本以及人物形象设计，明确小组成员的分工	确定皮影戏脚本。掌握光影、关节运动等方面的学科知识	较大

续表

教学环节	目标任务	教师活动	学生活动	设计意图	任务难度
工程设计	利用纸板等物，制作一套脚本中需要的比例合适、关节可运动、外形优美的人物，选择合适的光源与音乐	在技术上给予学生指导和帮助，并帮助学生解决制作过程中的突发问题，不实际动手参与制作过程	根据小组讨论制作施工方案，用纸板进行人物部位裁剪，并根据皮影人物分析其色彩上的设计，对皮影进行彩绘装饰；用线将皮影各身体部位缝合，要求符合关节运动原理；根据脚本确定舞台光源与搭配的音乐	制作皮影人物。激发学生探索皮影的兴趣，提高学生动手能力与科学素养	较大
技术实验	基本皮影人物或场景制作完成后，进行模拟实验，确保皮影人物关节运动符合实际情况，并尝试皮影舞台符合脚本要求	组织小组成员交流与探讨，舞台艺术的产生所需的必要条件，引导学生在展示皮影戏时所需考虑的各种因素	在教师的指导下，根据人体力学对皮影人物进行修改，并对脚本进行讨论分析、修改、完善，小组需多次排练磨合，争取将小组皮影戏的舞台完美展现	完善皮影的人物制作与脚本。体验生活中皮影以及延伸品电影和动画的魅力	较大
总结评价	总结皮影中所蕴含的STEM学科知识，通过测试与皮影戏展示，延伸皮影戏对现代电影、动画制作的影响	对学生在制作过程中的表现、对相关知识的掌握情况以及对小组成员配合情况进行评价	总结皮影中所蕴含的学科知识以及文化艺术，对舞台展现的效果以及自己在其中起到的作用进行自我评价	分析制作皮影人物和展示皮影戏过程中产生的问题，了解皮影、电影和动画之间的发展关系。明确学生的自我认识，提升学生自我发展水平	适中

6. 评价与反馈

皮影戏的课程较为复杂，为达到最后演出的效果，需要学生在课下提前准备好表演的剧本，并且进行排练。教师可以邀请其他教师或领导甚家长代表共同参观学生的表演，一方面，表示对学生表演的重视、对学生作品的尊重；另一方面，可以激发学生的表现欲、胜负欲，提高学生的重视程度，增加学生对皮影艺术知识的求学欲。在进行皮影戏展示秀时，教师需提醒评委，评价要客观公正，要展示秀真实地达到评价标准，不可添加个人主观色彩。具体评价标准见表5-9。

表5-9 皮影戏课程评价标准

考核内容	评分标准	分值
理论清晰：考核学生是否在皮影戏中能清楚理解相关的理论知识并可以正确在生活中进行应用，是否可以进行电影和动画与皮影的相关联系对比	对皮影相关的理论知识测试达到优秀分数，并且可以应用到皮影戏舞台展示中	20
展示效果：考核学生是否掌握皮影艺术，是否可以展示完美效果的皮影舞台	制作的皮影符合人物形象，舞台剧的展示符合社会价值观，具有一定的艺术性和审美价值	30
合作默契：小组成员是否配合默契，是否能明确自己的任务，是否可以完美地配合组员进行皮影戏舞台展示	小组成员能够通过合作完成皮影的制作以及皮影戏的会演	20
创意设计：考核学生对舞台人物以及剧本内容的创新能力，可以展现出新颖的皮影戏并符合现实生活逻辑	可以参考皮影戏以及古今中外故事，创作出新的人物与故事，并且符合现实生活	30

皮影艺术经过历史不断的演变和艺术家的创新，越来越成为民间喜爱的一种娱乐表演艺术形式，受欢迎的表演中包含的是匠人无穷的智慧结晶。皮影艺术中蕴含着人与人之间的配合能力，对于光影与人体关节原理的知识，以及对音乐、色彩的把握和故事表述的感染力等多方面的能力，是STEM课程所要求的各种学科知识串联、融合的标准文化课程。我国民族艺术中，不只是皮影艺术具备STEM课程知识融合的要求，例如，京剧、舞蹈、散文等，

都具备探索对于美学、对于科学的条件。民族艺术是我国文化的一颗明珠，它的璀璨促使中华文化传播至世界各地，我们不仅要传承民族艺术，还要发展并创新民族艺术，绝不能让其蒙尘，没落至时间的长河里。古人智慧的结晶，是我们社会发展、进步的坚实基础。

五、习俗节庆类

我国各民族传统习俗节庆各有不同，各民族的节日丰富多彩。因为汉族人口基数最大，所以传统节日的数目最多，包含春节、元宵节、端午节、清明节、七夕节、中秋节、重阳节等，非汉族传统的也有很多，比如，较著名的有傣族的泼水节、蒙古族的那达慕、傈僳族的刀杆节、彝族的火把节、苗族的花山节等。不同的节日有其不同的含义，庆祝的方式、习俗也大相径庭。我国法定的春节、端午节等都会安排一定天数的假期，以方便群众庆祝节日，完成节日各地习俗。如春节，习俗一般是：家人团圆、除旧迎新，放鞭炮，贴对联，拜年，包饺子……这些习俗不是以人们休息为主，本意也并不只是庆祝而已。随着社会进步，很多节日习俗逐渐被出游等其他活动替代，节日逐渐成为没有内涵的空壳。节日作为日常生活中，传播文化的重要载体之一，其中蕴含了丰富的STEM学科知识。以中华民族传统节日清明节为例，清明节源自上古时代的祖先信仰与春祭礼俗，清明兼具了自然与人文两大内涵，既是自然节气，又是传统节日。在清明时节，有着俗语"清明前后，种瓜点豆"的说法，人们除了进行祭祀扫墓、插柳、踏青、放风筝、植树等习俗活动，还会在这期间进行农耕活动，种植农作物。

气候对农耕产生的影响是对我们农耕大国来说一个重要的研究内容，清明时节气温回暖，我国大部分地区的日平均气温稳定在12摄氏度以上（除东北与西北地区），华南地区的气温甚至在15摄氏度以上。加上清明时令，我国共有"二十四节气"，分别为立春、雨水、惊蛰、春分、清明、谷雨、立夏、小满、芒种、夏至、小暑、大暑、立秋、处暑、白露、秋分、寒露、霜降、立冬、小雪、大雪、冬至、小寒、大寒。"二十四节气"是上古农耕文明的产物，它在我国传统农耕社会中占有极其重要的地位，农耕生产与大自然的节律息息相关，它是上古先民顺应农时，通过观察天体运行，认知一年中时候、气候、物候等方面变化规律形成的知识体系。它科学地揭示了天文气象变化的规律，将天文、农事、物候和民俗实现了巧妙结合，衍生了大量与之相关的岁时节令文化，清明节便是其中之一。

1. 教学内容

（1）学习清明节习俗与二十四节气歌，通过时候、物候、气候的变化，认知时节规律，了解农耕事务。

（2）建立古代观星文化与后来的《太初历》中立杆测影、现代观测太阳黄经度数法的联系，学会通过观测斗转星移，探索宇宙的运行规律，产生天文认知。

STEM 元素分析如下：

科学：二十四节气对应的太阳黄经度数以及对时候、物候和气候产生的变化。

工程：模拟太阳和地球之间的天体运动。

数学：太阳黄经度数法、我国农历计算方法、天干地支。

2. 课程目标

清明时节，是二十四节气中春季的第五个节气，学生通过观察清明时节的天文现象，延伸了解二十四节气对时候、物候、气候的影响。学会用现代科学的太阳黄经度数法解释我国古代的观星文化以及《太初历》中立杆测影的运用原理。

3. 教学重难点

清明是二十四节气之一，了解清明时节的习俗文化，以及时候、物候和气候的变化。二十四节气中的每一节气都会使三候产生变化，学生通过清明时节，推理其他时节三候的微妙变化。理解太阳和地球以及北斗七星的运转规律。

4. 教具准备

带有太阳光源的球体、地球等其他太阳系球体，以及模拟天体运行轨道的长纸条。

5. 教学流程

（1）清明时节课程内容

清明时节，北斗星的斗柄指向十天干的乙方；太阳黄经为 15 度；与公历

4月4—6日交节。这个时节阳光明媚、草木萌动、气清景明、万物皆显,自然界呈现生机勃勃的景象。时至清明,在我国南方地区气候已清爽温暖,大地呈现春和景明之象;在北方地区也开始断雪,渐渐进入阳光明媚的春天。除三候变化外,清明节习俗丰富,一是中华民族最隆重、盛大的祭祖大节,属于礼敬祖先、慎终追远的一种文化传统节日。清明凝聚了民族精神,传承了中华文明的祭祀文化,抒发人们尊祖敬宗、继志述事的道德情怀。二是冬去春来、春暖花开,人们度过寒冷冬天后开启新一年希望的美好节点,踏春郊游、插柳植树,是亲近自然、愉悦身心的生动体现,也蕴含着"天人合一"的传统理念。随着历史的发展,清明也融合了寒食节、上巳节的习俗,具有丰富的文化内涵。2006年5月20日,中华人民共和国文化和旅游部申报的"清明节"经国务院批准被列入第一批国家级非物质文化遗产名录。

(2) 课程教学

我国规定清明时节具有法定节假日,在"清明"这一节气,万物皆洁齐、生气旺盛、吐故纳新、气温升高,大地呈现春和景明之象,是郊外踏青春游与行清墓祭的好时节。其蕴含的天体运动规律是我们古代人民祖祖辈辈经过历史长河摸索、总结出来的,是古代劳动人民智慧的结晶。二十四节气至今仍然被沿用,于2016年11月入选联合国教科文组织人类非物质文化遗产代表作名录,这足以证明我国历史文化的博大精深,学生在学习节气对三候的影响以及天体运动规律时要怀有对自然、先祖的敬畏之心。具体教学流程可参考表5-10。

表5-10 清明时节课程教学

教学环节	目标任务	教师活动	学生活动	设计意图	任务难度
任务发布	根据课程安排,以2~4人为一小组模拟太阳与地球运动的规律	通过天体运动轨道演示太阳与地球的周期运动规律,以及相对应的清明时节天体的运动位置	观测生活中,太阳每天升起的高度,以及夜晚北斗星循环旋转时,地球三候的变化	了解天体运动规律,研究自然变化的科学因素,遵循自然规律	适中

续表

教学环节	目标任务	教师活动	学生活动	设计意图	任务难度
科学探索	探索太阳在不同轨道位置时，地球三候的变化，以及地球、太阳的组成结构和运动规律	讲述清明时节，太阳与地球的运动位置，引导学生模拟其他二十三节气的天体位置	通过小组成员相互合作，模拟天体运动规律，确定太阳与地球相对位置变化而产生三候变化的原因	明确天体运动周期、规律，可以分析对比古代观星文化、后期发展的《太初历》和现代太阳黄经度数法的区别	较大
工程设计	利用光源模拟太阳对地球产生的影响，并小组合作模拟二十四节气时，观察太阳相对于地球的位置	在技术上给予学生指导和帮助，并帮助学生解决制作过程中的突发问题，不实际动手参与模拟过程	和小组成员共同谈论，在太阳位于地球什么位置时，地球的三候变化，并进行模拟证实讨论结果	模拟天体运行轨道。激发学生探索自然的兴趣，提高学生对宇宙奥秘的探索	较大
总结评价	总结太阳对地球相对位置的三候影响，了解二十四节气与太阳的相对位置	对学生在模拟天体运动过程中的表现、对相关知识的掌握情况以及对小组成员配合情况进行评价	总结天体运动规律以及自然变化的原因和影响，对人类探索天体运动历程进行比较分析，总结自我在模拟过程中的表现	通过分析清明节气习俗引申的时令含义，了解天体运行规律以及三候的变化，提高学生对大自然规律的敬畏并学会利用大自然的相关规律在实际生活中进行人类活动	适中

6. 评价与反馈

清明时节蕴含的自然与人文两大内涵，反映了当时人们对自然的探索欲望。让学生通过自己动手模拟天体运动规律，观察太阳对地球三候的影响变化，记录并探究"二十四节气"时，古代人民的生活轨迹，体会天体运动规律对古代人民生活轨迹影响的重要性。教师可以延长课程研究期限，让学生通过种植农作物，在家或在校，利用改变植物的成长环境，如湿度、温度、光照等方面的因素，了解二十四节气在农耕方面展现的优越性。一方面，锻炼学生生活能力、动手能力；另一方面，可以让学生呈现一份说明报告，提高学生书写报告和观察事物变化的能力，遵循 STEM 课程的发展模式。具体评价标准见表 5-11。

表 5-11 清明时令课程评价标准

考核内容	评分标准	分值
理论清晰：考核学生是否理解清明的习俗以及其所代表时令的重要意义；是否掌握天体的运动规律以及二十四节气所产生的三候变化	对清明时令以及天体运动的相关理论知识测试达到优秀分数，并且可以计算出其他时令节气时太阳黄经度数	20
展示效果：考核学生是否掌握天体运动轨迹，是否可以根据节气模拟出太阳与地球的相对方位	可以完美地模拟出天体运动轨迹，并可以根据节气模拟出天体的相对方位	30
合作默契：小组成员是否配合默契，是否能明确自己的任务，是否可以完美地配合组员进行天体运动模拟展示并对三候变化进行记录	小组成员能够通过合作完成模拟天体运动规律，并且可以在模拟的过程中，记录太阳对地球的位置以及影响	20
创意设计：考核学生是否可以通过所学的自然规律，理解其对人类活动的影响，并可以通过自然规律改变人类的新生活	可以举例自然规律对人类活动影响的事件，并在现实生活中寻找或创新人类利用自然规律进行活动的事件	30

清明时节，古代人在迎接春天到来的时候，祭祀祖先，踏春游玩，并且开始进行大面积的农耕活动，顺应了天时与地利。二十四节气的研究，对当时人类进行农耕活动产生了极大影响，并突破了古代人类对天文方面的局限探索。除清明节外，能融合 STEM 课程的节日习俗仍旧很多，例如，春节的鞭炮，其中蕴含的化学原理；中秋节的月亮、七夕节的牛郎织女星，体现了古代人们对宇宙的神秘幻想；端午节插艾消灾的医学道理……这些课程可以让学生在了解我国传统节日习俗的同时，明白传统习俗的根本原理，对于学

生建立文化自信与认同感有重要帮助,并且可以让学生在生活中体验到学习的兴趣,提高学生对生活习俗的探索积极性。

随着世界经济全球化,我国文化受到了很多外来文化入侵,新时代青年更喜欢潮流、酷炫的文化,我国优秀传统文化发展受到了巨大冲击。弘扬、发展我国优秀传统文化,改变优秀传统文化的传播方式以及创新优秀传统文化展现形式是我国文化面临的主要问题之一。

在现代,我们通过各种设备、仪器对古代探索成就进行验证,其结果展示了古代人民的智慧。我们在追溯其源时,如何利用该成果创新人类文明,才是面向文化传承的STEM课程应该考虑的出发点。STEM课程的最终目标就是让学生将所学的知识运用到生活中,通过改变我国传统文化的传播方式,让学生在STEM课程中学习生活中所见所闻的优秀传统文化,提高学生对优秀传统文化的探索兴趣,才能加深新时代青年对我国优秀传统文化的认同感、自信感与归属感。也从侧面证实面向文化传承的STEM课程才是我国优秀传统文化转型成功的重要举措。

第六章

STEM 教学改进方法

STEM 教育是我国现阶段需要改革的一项教育战略。其目的是打破学科界限，培养学生在科学、技术、工程和数学领域的全面素质能力——超越学科界限。STEM 教育在美国、德国和英国等国已经提上日程，中国更不能落后。STEM 教育的新教育模式，以项目式课程学习为主。它将技术教育、工程教育和科学教育与传统文化相结合，促进以技术为导向的教学创新。虽然中国现阶段已引进 STEM 教育模式，并大力促进文化传承的 STEM 教育全面开展，但结果并不尽如人意。对于课程教学模式的改进刻不容缓。

一、STEM 教育模式的教学体系分析

STEM 教育的特点是跨学科、有趣、体验、情境、协作、设计、艺术、经验和技术提升。STEM 教育以一体化的教学方式注重实践和过程，强调解决现实问题；知识与能力并重，提倡"做"中的"学"；强调创新和创造力培养，重视知识的跨学科传递及其与学习者的关系。

STEAM 教育模式的教学体系包括六个要素：

1. 一个目标

坚持教学理念——培养 STEM 教育素养。学生的全面学科素养——跨越科学技术、科学和工程、人文科学和艺术的界限，是学生创新和创造的基础。因此，教育系统中教师和学生倡导的教学目标是发展 STEM 教育以及培养 STEM 教育素养。

2. 两大主体

教师和学生是教学系统的两个主要部分。要实现"培养 STEM 素养"的

教学目标,首先需要在日常教学实践中实现"教师角色转变,学生创新创造"。

3. 三种教学方法

一是项目教学法。这种教学方法认为学生可以在相互合作中完成一项具体任务和在解决问题的过程中学习,往往专注于一项持续数周甚至一个学期的任务,让学生在小组合作完成任务的过程中学习。项目教学法没有固定的教学大纲,强调以学生为中心,培养学生的自主学习能力。

二是体验式教学法。这种方法要让学生深刻认识到,学习不是内容的获取和传递,而是通过经验的转化创造知识的过程,这通常需要学生走出课堂进行社会实践。

三是服务型教学方式。这种方法重在让学生有明确的学习目标,在实践和学习的过程中将学习内容与现实社会的问题及需求相结合。它是一种将项目教学法与社会现实问题紧密结合的教学方法。在服务型教学过程中,不仅要培养学生运用批判性思维的精神,还要培养学生积极参与社会过程的精神。

4. 四类课程

课程体系是构建教学体系的框架,每门课程都是 STEM 教育的教学内容。可以结合我国高校的课程现状和特点,通过新生研讨课、教师模式改革课、实践课、创新创造课的有机结合,在开辟第一课堂——理论教育,第二课堂——课外活动,第三课堂——实践教学,第四课堂——社会活动的过程中完成。

5. 五个评价指标

评价是教学的先导,确定了教师和学生的教学优先事项。以 STEM 教育为基础的教育体系的设计需要使现有的教育评价体系适应 STEM 教育的需要,重点是评估学生跨学科思想的质量、创造思想的能力以及设计和创作技能,因此,五个评价指标,即业绩评价、过程评价、社会评价、专家评价和学生自我评价,必须结合起来考虑。其中,社会评价是指注重学生在同龄人相处、人际交流、社会参与、提高成绩、宣传等方面的能力。

6. 六大支撑

第一,国际合作和交流。国际交流可以拓宽师生的视野,教师和学生可以在走出和引进，以及创造性、创造和创新过程中获得更多的资源、灵感和有吸引力的机会。第二，需要技术专家。在技术迅速发展的时代，一个先进的专家和技术顾问小组是确保学生创造出的成果接地气、有效果的基础条件。第三，部门间合作的必要性。要实行STEM教育，需要调动学校的各种教学资源，为学生的创新和创造开辟绿色通道，在高等教育机构培养"创客文化"。第四，应该有行业顾问的参与。为学生创业提供基础，相关文化行业导师的指导至关重要。第五，建立专业教师队伍。建立在STEM教学基础上的教育体系需要熟练的人力资源和一组不同专业和学科的教师，以建立教育体系的核心竞争力。缺乏基本竞争力的企业往往注定失败，教育同理。第六，学生需要跨学科协作，作为STEM教学的一部分，应鼓励不同年级和不同学科的学生合作，组成"创客团体"。

STEM是一种多学科方法，需要高级别的多层面设计和教育来改革生态系统；需要改变人才培养模式和方法，提高创新思维能力，将科学、技术和创新结合起来。加强STEM教育领域的教师培训、转变人才培养模式，提高学生的整体素质和实用技能，作为STEM教育领域职业培训的起点，大大有助于扩大教育创新领域的人才储备。

二、STEM课程优化

STEM教育是美国的教育理念。它是结合科学、技术、工程和数学的综合教育。STEM课程通常被称为"国际综合课程"。

1. 明确STEM课程特点

STEM课程的最大特点是跨学科和多学科一体化。换句话说，该课程涉及的问题往往需要纳入两个以上的学科。STEM教育主要侧重于以项目为基础的教学方法，使学生能够学习如何解决问题。一般来说，首先是为学生创建一个现实的课程主题，如本书的文化课程案例，以扎染工艺为主题，找出问题，通过教师和学生之间的交流确定项目内容和具体任务。根据项目任务，学生计划、研究相关领域的进展情况，分析项目可行性，制订研究计划，建立理论模型，并通过程序（如程序模拟、数字计算、原型设计、反馈、分享和交流讨论）完成项目。项目的最终产品，无论是物品还是工程，都主要取决于项目所涉领域。

2. STEM 课程教育的目的

STEM 教育不仅旨在提高对科学知识的理解和应用，而且旨在提高学生分析和解决问题以及准备迎接未来挑战的能力。教育一般是垂直的，如数学、物理、化学、地理和生物学等。人类发展必须伴之以横向教育，这要求掌握所有学科，将知识和技能纳入所有领域。如果一个人能管理相互关联的知识网络，他就能应对新的挑战，并在今后承担更大的责任。

毫无疑问，STEM 教学模式和 STEM 教育课程对于培养学生的科学与实践创新能力非常有用。STEM 教育是培养分析能力、进行文化传承、创新和教育的极好手段。这就是 STEM 教育在世界各国进行和持续进行的原因。美国、英国等国甚至将 STEM 教育提升为国家战略，优先考虑支持并发展这种形式的教育，因为这种教育可以培养在未来具有竞争能力的人才。

STEM 教育也可以激励学生学习，所有参与这个项目的学生，连同他们的问题和任务，都在调动各个学科的知识，多感官参与，利用他们的大脑，充分发挥他们的潜力，促进思维的发展。STEM 教育通过激励措施激发学生的积极性，提高他们的学习能力和整体素质。此外，STEM 教育还可以培养学生的团队意识，STEM 项目或主题通常涉及许多环节，需要分析、设计、实验、改进甚至对结果（产品）进行包装。这不是一两个人能做到的，需要很多人的共同研究、密切合作和合作研究。在这一进程中，需要合理分工和所有人参与，也就是说，需要有一种合作理念和各团体的合作能力。

本书中，将中国优秀传统文化作为 STEM 课程目标，将人文艺术、历史传统放进科学、技术、工程和数学知识体系中，在学生培训过程中，文化在其他学科中发挥着不可替代的作用。第一，培养学生的审美能力，提高他们的艺术审美能力，对他们未来的生活和科学研究非常重要。第二，文化教育是一种独特的价值，因为它能使学生向自己敞开心扉，展示想象力，提高表达能力。第三，文化并非公平、独立、无政治目的，培养学生学习、传承、创新中国优秀传统文化，对于提高学生文化自豪感、国家归属感有着重要意义，并且起到推动国家文创力与国际影响力的重要作用。现在，有的人甚至认为要重视学生的阅读能力，所以把阅读（Reading）加入 STEM 教育成为一种趋势。其实这门课的名字并不重要，重要的是要学习课程的主旨，即赋予学生全面解决现实问题的能力。作为学校，应为学生积极努力建立一个以解决具体问题为重点的多学科综合发展平台。

3. STEM 课程要求

STEM 教育发展的主要障碍是缺乏合格的教师。随着时间的推移，中等教育有所发展，分科教育越分越细，教师的专业范围越来越窄，而学科融合是 STEM 教育的一个基本特征。目前，解决这个问题的唯一办法是团队合作，在美国，教师可以管理一个项目；但是，在中国，一个项目可能需要 5~6 名教师和多学科教师的合作。在中小学引入 STEM 教育，除了解决教师这个瓶颈问题之外，还必须考虑以下关系：

（1）要明确 STEM 课程和常规课程的关系

目前，面向文化传承的 STEM 课程的唯一授权地方是学校的选修课。我们不能用 STEM 课程代替普通课程，因为它的知识较少、系统性较差。STEM 课程不是为了知识，而是为了培养学生的整体素质和创造力。

（2）要处理好单一学科的学习和 STEM 教育之间的关系

STEM 课程必须与学过的一门课程获得的知识相匹配。如果该项目使用的数学知识只能在一年后供学生使用，那么学习成果肯定不会令人满意，因此需要对 STEM 课程进行审查。换句话说，我们设计的 STEM 课程反映了学生的知识、技能和认知能力结构，并规定了不同级别和不同阶段的文化传承 STEM 课程。

（3）要考虑中高考与 STEM 教育的关系

当然，我们希望未来的文化传承的 STEM 课程能够发挥教育作用，但首先必须是有益的；否则，STEM 教育就不能在中国教育领域持久发展。光靠感情和思想是不够的，如果 STEM 教育的发展导致高考成绩不佳，那么是否还有 STEM 教育的生活空间，是否还有发展的机会？如果这件事是好的，那么它必须表现出自己的作用，如清华附中的做法表明，参加这些项目的学生的文化考试成绩没有下降而是有所提高。

（4）要考虑国际水平与本土特色的关系

STEM 教育想在中国很受欢迎和发展。第一，需要在国家层面制定高级别设计以及相关的标准、评价和管理制度，通过借鉴国际 STEM 教育的理念、课程设计标准等，制定符合我国教育发展的 STEM 教育。第二，需要一个灵活的机制。由于 STEM 教育是一种高度理论化和高度参与性的教育，需要有一个良好的机制支持整个 STEM 教育系统在中国基础教育中的发展，这需要多个利益有关方合作，以取得双赢的结果。

三、STEM 活动理论教学法

STEM 活动理论强调主题、对象、社区和工具在知识和技能培训中的核心作用，并可用于指导系统中以问题为导向的教学活动。这一概念不仅可用于测试教师和学生参与活动、使用工具和实现目标的情况，还可用作分析教师和学生活动的示范框架。本书以活动理论的相关概念为基础，以皮影戏的教学活动为例，审查实时系统的教学活动，为促进系统知识的学习提供参考。

1. 活动理论介绍

（1）活动理论的内涵

活动理论的出现与心理学研究密切相关。它出自马克思主义哲学，产生于维果斯基（Vygotsky）的社会文化和历史心理学理论，并成熟于鲁利亚（Luria）和列昂捷夫（Leontyev）的实验心理学研究。它是社会文化活动和社会历史研究的结果。"活动"是活动理论解释和研究人类心理活动的逻辑起点与核心背景。其核心活动是本专题为特定目的而采取的做法。活动理论研究人与事物形成的社会和物质环境之间相互作用的过程，以及人类实践在特定文化背景下的发展和成果。

（2）活动系统的构成要素

活动体系是活动理论的核心，包括六个基本要素：主体、客体、共同体、工具、分工和规则。其中，主体、客体以及共同体是活动系统的主要组成部分，而工具、规则和分工则是次要组成部分。它们不是孤立的系统，而是相互作用、相互影响的活动系统。活动理论的子系统由通信系统、分配系统、生产系统和消费系统组成。活动结构是子系统内部及其彼此之间包含目标导向用以形成客体的行动层级活动、行动和操作。

2. 基于活动理论的 STEM 教学活动模型建构

STEM 教学活动以活动理论、中介工具、活动层次和发展为基础，通过主体互动构建 STEM 教学活动体系。在活动理论的指导下，我们尝试采用以问题为导向的 STEM 教学模式实施教学，以提高学生的整体能力，培养他们在探索过程中的批判性思维和解决问题的能力。

基于问题的 STEM 教学模式分为三个阶段。第一，在确定问题的阶段，教师有义务根据系统的教学目标设计问题的情景，积极支持问题的解决，并提供必要的心理和物质工具。第二，在问题解决阶段，教师必须通过有针对性的分工与学生合作，向学生提供解决问题所需的知识支持和后续规则。第三，在结论、成果和评估阶段，教师以各种形式组织学生介绍自己的产品并对学生进行评估。评估不应仅限于知识本身，还应包括学生的整体知识运用能力和综合技能。

在以活动理论为基础、以解决问题为重点的 STEM 教育活动中，活动的材料和工具处于早期阶段，工作分工和协作在活动中间占主导地位，活动结尾评估是活动成果的体现。简而言之，业务系统的各个组成部分在每个阶段的方向略有不同，但在系统教学活动的每个阶段，它们都是协同工作的。基于活动理论的文化传承 STEM 教学活动模型，如下图 6-1 所示。

（1）主体——学生

作为系统教学活动的一部分，学生首先确定教师提出的问题，其次利用教师提供的指导工具分析和模仿问题，再次通过合作研究解决问题，最后提交结果并进行评估。在实施 STEM 教育的过程中，学生各自组成具有共同知识和利益基础的稳定群体，通过相互协作和学习提高他们的智力水平和高水平思维、合作能力等社会能力。

（2）客体——STEM 学习目标

对象是学习行为的结果或成果，用于描述在学生内部和外部完成的学习目标，并使用中介工具进行学习，最终形成并转化为系统学习的结果，其中，在活动开始时，基于对基本概念操作的了解和对特定工程主要技术方面的了解，对对象进行了演示；在活动的中间，学生与同龄人合作，除了明显的技能之外，主题演示还包括隐含的知识共享。随着活动系统的演变和发展，最

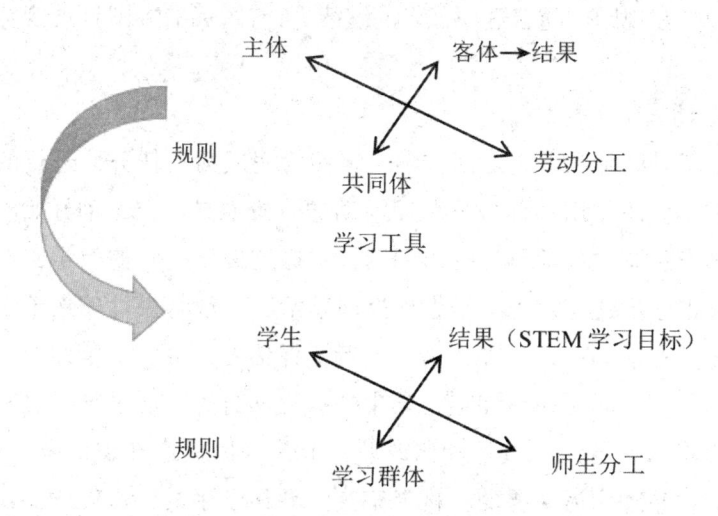

```
                        中介工具

              主体          客体→结果

       规则
              共同体         劳动分工

              学习工具


              学生          结果（STEM学习目标）

       规则
              学习群体        师生分工
```

图 6-1　建构文化传承 STEM 教学活动模型

终对对象进行了建模，并在活动结束时转化为完整的 STEM 学习成果。

（3）共同体——STEM 学习群体

在 STEM 学习中，其他活跃成员，如协作组、学习伙伴、班级等，与学习主题一起工作。通过合作，学习群体不仅影响教学活动中的学习效果，而且影响创造一个充分体现学生自主学习理念的互利、互信与和谐的学习环境。在以问题为导向的 STEM 教育中，活动社区的作用主要表现在教学材料和解决问题的方面。现阶段，教师和学生或学生团体共同努力解决问题。

（4）工具

工具充当学生与环境之间的媒介，特别是内部和外部工具。内部工具主要是心理工具，外部工具主要是物理工具，共同调节学生的学习活动。学生与环境互动的形式由影响学习成果的工具决定。随着活动的深入和教师与学生之间的互动日益频繁，工具开始从单一的心理工具转变为满足特殊需要和创新功能的物理工具。

（5）规则

规则指的是业务标准、标准等。STEM 成员一起学习。这不仅是一种限制和活动范围内的协议，还是社区参与活动发展的保证，因为它规范了社区成员的行为，以便相互影响。在 STEM 教学中，规则通常可以分为操作规则、判断规则和交互规则。随着这项工作的继续进行，《标准规则》的规范性将继续改进。

(6) 劳动分工

劳动分工是教师和学生之间或学生之间为完成活动任务而进行的劳动分工。教师和学生的作用和任务分配因活动的阶段而异。在运动开始时，教师首先根据教育系统的教学目标提出问题，并通过提供广泛的教学实例来设计教学，以帮助学生建立知识。学生根据问题情况和教师设计的例子学习规则和技术要求。在活动中，教师作为参与者或评估者，可以规范和指导学生的工程和技术行为，同时评估和纠正学生的不正常行为。通过学生之间交流与合作，学生将问题与产品设计和修改联系起来，以促进知识的融合和利用。活动结束时，教师作为主要的评价者审查和评估学生的一般能力。学生也可以客观地评价自己作为评价者的个人发展趋势。

3. 皮影艺术教学活动案例

皮影戏融合了科学、技术、工程、音律和色彩等学科，通过学生自己的设计、裁剪和操作，在引导学生学习 STEM 知识和提高学生一般技能方面发挥重要的积极作用。本书借鉴了活动理论的相关概念，以皮影戏教学活动为例，运用基于问题的 STEM 教学模式，探索研究了活动理论框架下 STEM 教学模式的实施现状。为有效开展皮影戏教学活动，我们必须将活动时间定为 120 分钟，或更长，因为传统的课堂时间不足以开展皮影戏教学活动。与此同时，在这种情况下，为确保活动的顺利进行，必须按照师生配比向 30 人的标准班级分配两名教师。

(1) 活动主题

皮影戏舞台展示。

(2) 活动目标

STEM 整合目标见表 6-1。

表 6-1 STEM 整合目标

类别	知识与技能	过程与方法	情感、态度与价值观
科学	了解皮影人物的关节活动原理与使用方法 了解光影运用原理并可以合理使用	掌握人物主要运动关节与光影运用方法	对皮影戏以及光影原理产生兴趣，初步理解动画运行机制
技术	明确皮影制作步骤并可以设计人物形象	理解并掌握制作皮影人物的技巧与方法	学习皮影人物的制作方法，培养学生对机械部位的探究意识
工程	理解皮影戏的发展历史以及相关制作流程，掌握皮影人物以及舞台使用技巧	理解并掌握问题解决的过程与方法、团队合作与沟通协调的技巧方法	树立团队分工协作意识
数学	学会合理规划人物关节比例	实现并理解收集数据、使用数据的过程	树立对算法的初步认识，并能够理解数学在生活中的重要性

（3）活动内容与流程

为了使解决问题的教学模式在这种情况下得到充分应用，本教学案例中的活动是以解决问题为基础的。在实施这一案例中，学生的主要任务有三个，即皮影制作原理的学习、解决皮影戏角色制作的问题以及成果展示与评价。活动期间，一组 4~8 名学生，两组和一个团队活动开始时需要一名教师授课，学生集体进行实际操作和练习活动中，一名教师负责课堂教学秩序，其他教师负责协助团队解决问题，每名教师负责管理两三个团队。学生在进行团队练习时，团队内部的具体分工由团队成员分配。活动结束时，教师负责举办展览和作品评价，时间的设定具体根据学生进程而定，此方案的基本业务流程如下：

①介绍阶段（5 分钟）。教师通过提供与本课程相关的图片和视频，引导学生有针对性地了解皮影制作，强调皮影戏对现代艺术发展的重要性，并鼓励学生探索皮影戏创新艺术。随后，教师分发侧重于实际工程应用的材料，然后使用完成的皮影人物进行实物演示，以激励学生学习。

②支持帮助教育阶段（30 分钟）。这一阶段以皮影制作为基础，可分为

教师讲解、学生实际锻炼和问题解决三个阶段。现阶段，为了激励学生，重视基于活动理论的 STEM 教学，教师可以通过游戏的方式教学。皮影的制作涉及人体结构，以及人体绘画，在制作的过程中，学生必须掌握三个知识点。a. 学习和使用米尺测量人体部位，按照舞台比例裁剪皮影的任务。b. 学习如何将皮影人物部位的色彩搭配和谐。c. 学会连接皮影各部位，并使皮影各部位可以灵活地运动。例如，为了说明第一个知识点，教师可以要求任意组中的一个成员模拟并测量真实人身尺寸，而其他成员则分别记录数据，并计算与舞台皮影人物的比例关系，确定皮影人物的身体各部位尺寸，如果舞台需要其他道具，也需要按照等比例还原。之后，教师在行使多项职能时，必须统一回答所提出的问题，并得到对学生疑问的答复。

③皮影戏排练和协作研究阶段（30 分钟）。这一阶段的重点是完成皮影戏的展示。教师首先向学生说明皮影戏的结构，详细说明皮影戏的内容要求以及表演规则。随后，学生将根据规则要求对团队问题进行分析、理解和解决。团队之间在协商皮影人物角色以及排练的过程中，可以提升学生的表演能力、语言表达能力以及团队合作能力；在皮影排练期间，若出现问题，则有利于培养学生解决问题的逻辑思维。团队成员之间的沟通与协作对于学生认识自我不足与改进方向有着很大的帮助。教师在其中只是帮助学生理解和解决问题的引导者。

④皮影戏介绍和评价（35 分钟）。在这一阶段，学生重点演示自己制作的脚本中的故事，学生需要以皮影戏表演的形式进行汇报演出，演出中，会展现出学生在课程中对相关知识掌握的不足之处，教师需要以专业的态度对待学生的汇报表演并进行评价。评价的目的是评估学生是否在这个项目中获得相关知识与技能。具体而言，评价主要包括评价皮影戏的整体表演过程、内容，皮影人的制作与创新，团队成员的工作能力与合作度，以及客观的知识测试。

4. 总结与启示

对于我国目前的 STEM 教学实践，本书是基于 STEM 课堂本身的特点——对 STEM 活动设计和皮影教学活动规范的活动理论的探索与应用。在实施过程中应考虑以下几点：

(1) 系统地对教师进行职业培训,加强他们的教学能力

作为基于活动理论的系统教学活动的一部分,由于活动的复杂性和多样性,教师不仅需要对学科有深入的了解和出色的教学设计能力,还需要创新,这就要求教师通过培训和发展提高职业发展的个性化和专业性。根据 STEM 教师在美国的经验,我们可以从宏观和微观两个层面把握这一点。一方面,我们必须争取政府、学校和社会的支持,以解决 STEM 教师的培训问题,例如,通过加强与企业、相关领域专家等的伙伴关系,得到他们最大的支持。教师证书制度的分类还可根据该制度所涉学科的专业性质和专业化程度、多学科办法的定义、教师资格审查机制的建立和教师证书制度的改进加以调整。此外,STEM 教师还应在工作前和工作后接受培训,以提高他们的专业技能。另一方面,STEM 教师本身必须有终身学习的概念,不断更新知识体系,提高融合知识和实际利用知识的技能。简而言之,对教育系统教师的培训需要国家、社会、学校和教师本身的共同努力。

(2) 增加对弱势学生群体的关注,缩小学生间的差距

由于学生之间的发展差异,有些学生在与其他学生的交流中不理解和不能很好地融入一些非常重要的知识概念,从而造成团队内部的自卑感,导致学习疲劳和不耐烦,这就要求教师向学生提供适合不同教育阶段的学习支助服务,例如,使他们能够更多地关注和指导这些学生,并利用技术优势增加他们的参与度。

(3) 优化对 STEM 教学活动模式的设计

STEM 教学活动本身是开放和实用的,基于活动理论的 STEM 教学模式的设计部分是 STEM 教学活动本身的标准,但效果是由设计者自己设计和理解课堂本身。基于活动理论的 STEM 教学模式设计,设计者以皮影戏教学活动为例,教学基于问题教学法,教学过程分为三个阶段,教师在每个阶段的作用和教学任务因活动而异。因此,在构建基于活动理论的 STEM 教学模式时,首先,要优化 STEM 教学业务模式,结合优化设计理念,不断探索创新。虽然教育者制定的 STEM 教学活动模式在某些条件下是适当的,且所有内容都是具体的,但是这不代表该活动教学模式适合所有的课程与学生,我们仍应该在教学活动中对该模式的教学有效性保持怀疑,并在教学实验中不断地验

证该方法。

四、STEM-PBL 教学法

设计思维让学生能够像设计师一样思考，这与学生创新思维的文化是一致的，因为需要用发散思维和融合思维来改进优化方案。设计思维强调团队共享和优化程序交付，完全符合 STEM-PBL 精神。以下是在实施 STEM-PBL 教学法框架内发展设计思维的战略和方法的一些例子：

1. 设计思维与 STEM-PBL 教学法

（1）设计思维的诞生与发展

20 世纪八九十年代，斯坦福大学的罗尔夫·科特（Rolf Faste）开始根据一本名为《视觉思维经验》的书，界定和促进设计思维作为一种创造性方法。随后，IDEO 采用了该系统，为其商业活动提供了许多优质产品，使其在工业中占有突出地位。戴维·凯利（David M. Kelley）在对大量案例的分析基础上，提出了一个设计知识的操作模型，根据该模型，设计过程包括勘探、生产和评估阶段。IDEO 创新机构的设计思维模式包括五个阶段：发现、解释、设计、实验和评价。斯坦福大学的设计思维学院将设计思维分为五个阶段，如图 6-2 所示。

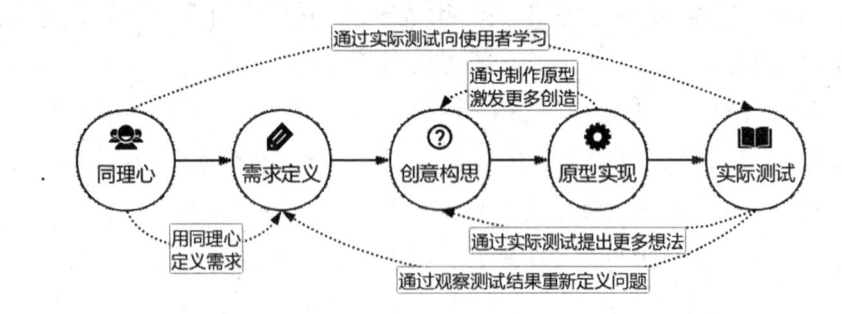

图 6-2 设计思维五阶段

（2）在 STEM-PBL 课程实施过程中培养学生设计思维能力的可行性分析

基于项目的 STEM 教育强调实际情况，使学生能够体验利用跨学科知识解决实际问题的过程，这往往需要建立自我探索、协作共享、设计创新和解决问题等联系，并使操作过程与设计思维的实施阶段相一致。设计思维强调培养学生创新、解决问题等方面的能力和以项目学习为基础，符合STEM教学的培训目标。此外，STEM教学方法的目标强调问题领域的可扩展性、实施途径的多样化等，并为设计思维的成长创造了良好的氛围。

2. 基于设计思维框架的STEM-PBL教学计划、模式、评价特征及实施途径

（1）关于教学计划

与传统课程相比，人们可能开始不适应：以概念框架为基础的STEM-PBL方案不应进行规划，而应是一个灵活的课程清单，能否在规定的时限内进行规划取决于学生的具体学习过程。

（2）教学模式选择

形成平等自由的课堂氛围对学生设计思维的形成尤为重要。在这方面，桌子和椅子的放置很重要，必须消除学生的桌子和椅子是由教师管理的传统模式。讲习班是一个更合适的模式选择，斯坦福大学设计学院甚至把不同学科的学生聚集在一起。当然，我们的学生在基础教育方面相对稳定，但他们可以根据性别、兴趣等做出尽可能不同的组合。与其统一，优点在于学生容易与思维发生碰撞，产生创新的解决方案。

（3）评价方式的转变

如果最初的学生方案还不完善，且小组之间的讨论不够充分，那么教师不应急于做出否定的评价或排他性的断言，而应自行设计原型，然后进行测试和实践检验。对教师的评价应注重多样性，平衡结果和过程。学生的所有想法，即使是特定产品的具体细节，也应得到鼓励。

3. 面向设计思维培养的STEM-PBL课程案例

STEM-PBL方案的执行情况充满变数，使学生认识到没有什么可以改变，想象力可以向前发展。以下是基于设计思维的STEM-PBL方案的几个例子：

（1）同理心的力量推动需求定义精准优化

例如，扎染服饰的设计目的是以美观、实用的花纹布料进行着装，初步就是捣碎植物，提取汁液，将白色的布料进行捆绑，随后浸泡在染料内，最后经过水洗、晾晒得到扎染布料。在整个过程中，直接使用化学染料，随后加水就可以实现布料染色的目的，通过模拟服饰上身的效果，出于同理心的

131

力量导致需求定义不断地优化。会有些学生想到色彩的浓淡以及所染出的花纹深浅程度会在不断地捆绑、染色的过程中改变，学生会通过衣服的舒适度、美观度进一步考虑所实验的布料是否合适，颜料与水的配比是否适宜，模拟扎染后的布料是否贴合实际生活使用，这是同理心的力量导致需求定义的不断优化。有些学生会提出水的配比不同，颜色的浓淡不同，可能会产生不同人群的抵触情绪。为了满足不同人群的需求，学生会研究水和颜料的比例，从而解决染色浓度的问题。当然，除了染色问题，其中对布料的捆绑技术也会有相应的问题产生，学生需要对捆绑出的花纹图案进行不断测试，在测试过程中，会出现捆绑位置、力度等不确定性的问题，这就是扎染的魅力所在。学生在不断地测试中会发现成千上万个不同的扎染花纹、图样，在过程中创新自己的设计思维、充实自己对传统文化的认知。虽然上述问题会经过不断地测试得出最佳解决方案，但 STEM-PBL 方法的实施充分说明了这样一个事实，即设计思维是提出绝妙的想法，深入思考用户体验。

（2）需求与创意的演进实现"解放双腿"的自由

例如，我国古代工具匮乏，运输用品、粮食都是靠劳苦的劳动人民肩挑手扛，或者由牛马托载，并且每次的搬运数量有限。在大禹时代，一个名为奚仲的工匠，充分利用木工知识，结合生活中常见的原木滚石、擀面杖擀面等事件，萌生了发明一种滚着走且可以拉载东西的车的想法，经过不断实践后，创造出了对后世影响非常大的发明。

随着生活越来越便利，人们开始了对驾驶车的双手、双腿进行解放，发明了现代更加便利的代步工具——电动车，这是随着时代的需求而发明出的创意产品。学生在学习古代车、辇、舆的组成结构后，了解车架构的原理，通过使用车轮、铁架等物组装出车体，但因用户需求逐渐增加，需要学生进行产品创新，提升用户使用便利性，提高用户幸福感。学生团队通过使用车模型、蓄电池以及铜线，制造可以电动的自行车。基于传统文化产品，根据现代实际需求，学生还需考虑是否可以实现释放双手、完全解放双手的车——平衡车。在电动车的外形上进行改观，将双轮车改为独轮车，在车内增加重力感应装置，刨除电动车的手柄、车架，将蓄电池升级化，多次反复测试产品的使用以及性能，不断地根据需求提升平衡车的安全性、便利性等性能，并且学生仍可以在平衡车的基础上创新需求，改良产品。在以人为本的理念基础上，用户需求的定义在移情作用下不断完善和优化，创造性思想随着时代的前进而同步发展。

4. 基于设计思维框架的 STEM-PBL 实施过程中应注意的问题

学习和共同工作是设计思维通过共享集体情报解决问题以及将智商转化为企业利益的标准。这就是设计思维的魅力，在传统学校实施基于设计思维框架的 STEM-PBL 项目时，我们要注意以下几点：

（1）引导学生跳出自我中心模式，产生冲突时暂停自己的观点表达

在实施基于设计思维的 STEM-PBL 项目时，通常从游戏开始使用车间，使设计团队成员能够放松。当然，组织者必须将问题及时汇总，并拨出足够的时间解决需要解决的问题。任何团队成员，包括组织者，都无权将他人贴上虚假标签。自我中心模式是每个人的默认模式，组织者必须创造一种良好做法的氛围，每个学生都必须学会在发生冲突时暂停表达自己的想法，从别人提出的问题中思考自己的问题，从别人的议程中吸取有益的内容，并完善自己的议程。

（2）提升设计团队参与人员的跨界"指数"，催生个体之间的"头脑风暴"

设计思维允许个人英雄主义者向团队商人让座，不同领域的设计团队成员的思维可以激发更多的机会，从智商到商人的发展。集思广益迫使我们放弃我们原本坚持的方案，有效地超出我们自己的视野，并思考和寻求新的、前所未有的想法和解决办法。此时，影响"头脑风暴"效率的变量之一是团队成员的跨界指数，我们必须能够组织看起来不同、知识不同的人，使盲文消除于法规遵从性解决方案中，并开发前所未有的创新。

（3）创设快速模型化空间，缩短原型实现与测试反馈的周期

当需求的定义一般明确，创造性想法基本上得到落实时，产品出厂日期由原型设计决定，这往往是最耗时的过程。三维打印技术（以下简称"3D"）在一定程度上加快了原型设计，从而进一步缩短了时代选择周期。因此，3D 打印机必须成为设计团队的一部分。当然，激光刻蚀机可以实现纸板、木材甚至金属零件的加工，也可以成为样板设计中的可选设备。由于原型设计不一定完美，为了缩短选择周期，我们可以先用粗线创建原型，例如，

可以用纸板代替临时金属零件，尝试打印微型模型而不影响测试效果的三维打印速率，这些都是为了加快渲染速度，以便与团队成员和模拟用户快速交互，缩短原型实施周期和测试反馈，并提高产品设计的制造效率。

乔布斯（Jobs）曾经说过："你不能只问顾客要什么，然后想法子给他们做什么，等你做出来，他们已经另有新欢了。"设计思维是对用户体验的精彩想法和深刻思考的表达。它以用户为中心，以发展为导向，利用集体智慧，并采用先进的设计策略来解决问题和满足用户的需求。

五、STEM-5E 探究式教学法

国务院办公厅发布的《2016—2020 年国家科学质量行动计划》实施方案明确规定改善基础教育的科技教育，提高中小学生的创新意识、学习能力和实践能力，并采取了一系列措施，例如，修订小学科学课程的标准化实验材料，加强普通中学数学、物理、化学和生物学教育的横向协调，修订科学课程的标准和有关科学方面的标准，我们为 STEM 教育设计了优化教学模式，提出了有针对性的教学策略，为 STEM 教育的研发提供了理论参考。

1. STEM 教育关键因素分析

在了解我国教育体系的内容和特点后，以本地化的形式分析教育体系，分为以下八个关键因素：

（1）教学模式：基于项目或问题导向

在课堂上，教师可以利用项目教学法开展具体的实际教学活动，引导学生走向全面的项目。发现问题是 STEM 学科间融合的关键，也是培养学生创造力的重要前提。许多教育学家呼吁将基于项目的学习模式纳入 STEM 教学的教学和学习，有效地促进将多学科知识纳入有问题的情况，以解决实际问题，同时在整个项目过程中将问题纳入教师提供者。

（2）教育理念："做"中"学"与跨学科知识整合

约翰·杜威（John Dewey）主张学习如何做到这一点，即学生在学习这一过程中获得的经验，而做到这一点是一个不断尝试犯错的过程，伴随着对大脑经验的审查、反思或揭示。跨学科概念的核心是融合，即在具体情况下融合其他学科的知识，通过引导学生从事探索性学习、相互学习、中等教育

和教学等丰富的学习活动来融合跨学科知识。

（3）学习方式：自主学习与合作探究

新方案提倡自主、合作和探索性的学习方式。其中，自主学习的基本素质是独立性，这要求学生利用好奇心和自律来发展知识。合作学习促进学生创造性思维的发展，激发学生参与的积极性，从而增加观点的数量和质量，使学生能够在解决问题的过程中产生想法。作为STEM教育的一部分，自主合作学习应被用作探索学生的行为载体，使他们能够进行深入的研究和创新。

（4）培育目标：核心素养

基础识字包括批判性思维、信息学习、创新和解决问题、自我认识和管理能力、沟通与合作。重新思考教育，联合国教科文组织2015年发表的《反思教育：向"全球共同利益"的理念转变?》建议所有青年人应具备跨界识字能力，这种能力的实质与基本识字能力是相辅相成的。STEM扫盲不仅包括科学扫盲、技术扫盲、数学扫盲，还包括社会扫盲和人文扫盲、艺术扫盲等。跨越国界需要解放思想体系，STEM教育倡导的跨学科综合扫盲创造了跨学科综合基础扫盲。

（5）内核驱动力：信息技术支撑的创客教育

创造者教育是基于信息技术的开源STEM教育。这是一种促进创业的教育形式，强调与新技术的融合，并逐步发展学生的跨学科创新能力。课堂外创业教育以STEM教育为基础，利用各种信息技术工具提供有效创新的典型做法，如3D打印、智能机器人和开源硬件。并注重发展数字化时代学生的设计思维、计算机思维和创新思维。

（6）教育基础：STEM学科知识

普通教育方案的教学应基于学生对计算机程序设计和思维日益成为普通教育方案重要组成部分的基础学科的了解。余胜泉等建议，STEM方案的设计应确保全面、均衡地涵盖所有学科的核心知识基础设施；姜志辉等建议在普通继续教育框架内发展中小学生学习能力，强调基础知识对普通继续教育的重要性。

（7）教育特征：情境性、个性化和多样性

作为STEM教学的一部分，教师创造了学生从不同角度探索问题并提供个性化解决方案的局面。由于学生的学习方法和认知方法不同,他们的课程也各不相同。此外,学校内外的教育机构为 STEM 活动提供了一个多样化的平台,大大丰富了学生和教员的正规和非正规生活。

(8) 教学原则:以学生为主体,以教师为主导

教学的基本原则之一是以学生为主体,以教师为主导。在现代教育哲学中,教师主导作用的关键在于培养人。因此,必须以战略的方式组织、激励和指导教育,确保学生开展丰富、探索性和激发性的活动。学生是认知的主观代理人。必须在复杂的情况下积极探索这些课程,并作为课堂科目参加活动。因此,双轨制教育将达到一个新的高度。

地方化 STEM 教育适应了当时的发展趋势。它以广泛的先进教育理念为基础,结合了各种现代教育特点和多层次教学内容,为中国教育模式和形式提供了优势和发展潜力。本书试图将 STEM 教育的概念纳入课堂教学模式,并制定一项具体的教学战略,以满足教育发展的需要。

2. 面向 STEM 文化教育的 5E 探究式教学模式

(1) 5E 教学流程的设计

5E 教学模式是基于建构主义的探索性教学模式。这个模型是由美国学生开发的生物科学研究以 kin-Kar plus 的学习链为基础,包括五个部分:参与(Engagement)、探究(Exploration)、解释(Explanation)、精致(Elaboration)和评价(Evaluation)。该研究将模型置于 STEM 教育的背景下,并设计了面向 STEM 教育的 5E 教学流程,如图 6-3 所示。

①参与,也称为"吸引",是学生在 STEM 情况下的初步体验。上课前 STEM 教师了解学生新学习任务的前提概念;在课堂上,教师将学生引入 STEM 项目的情况,采取以问题为中心的方法,将 STEM 方案的内容纳入具体活动和生活实例,从而鼓励学生思考和在新旧观念之间引起认知冲突,从而激发他们的积极性,这种联系可以通过观看视频、盲文、实地访问等方式实现。

②探究,是 5E 教学模式的核心环节。探索是一个解决问题的过程,要求学生敢于提出问题,并逐步激发思考,以便了解新的概念。学生是调查的对象。他们通过观察和描述、比较和分类、交流和讨论,独立和合作地参与探

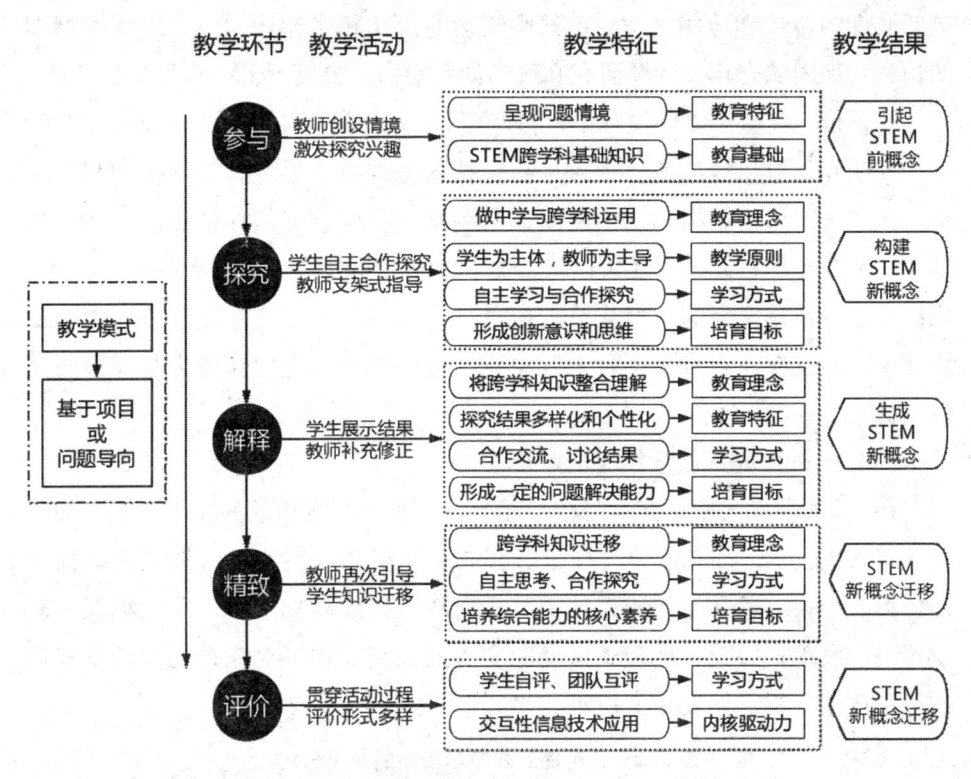

图 6-3 面向 STEM 教育的 5E 教学流程

索和建立事物之间的联系。教师在研究活动中发挥着主导作用，利用 STEM 知识进行启发式教学、个性化辅导和提供支持。这一阶段标志着 STEM 创新思维的开始，其重点是培养学生的高水平知识和实践能力，从而促进学生的知识、经验和技能的发展。

③解释，是新的 STEM 概念的创造链，也就是解释和解释调查的意义。调查结束后，学生将通过师生问答、演讲讨论、虚拟演示等形式提出自己的计划，由于这些问题是开放式的，现有的课程也是多样化的。教师通过视频、虚拟多媒体演示、咨询讨论等来解释或补充课程。重点是将学科纳入对概念的解释，以提高跨学科识字能力、解决问题的能力和学生的创新能力。

④精致，是新概念的传播和应用。系统教师鼓励学生采用新的概念来解决新的问题或现象，给予他们必要的思考时间和空间，通过参与讨论和协作交流，引导他们走向概括和综合，这是一个不断完善新概念的过程，可以促

进新概念的转让和应用。随后,教师继续通过组织考察团、引导学生掌握新知识和发展团队合作、问题研究和科学创新能力,提高 STEM 的总体识字率。

⑤评价,在整个教学过程中,STEM 教育评价是多样化的,不仅包括对学生的反馈和学习热情的课堂评价,还包括教师评价、学生自我评价和相互评价。在这一阶段,教师和学生可以共同制定 STEM 方案的评价标准,并提高学生的参与意识;此外,还可以将智能学习和分析技术(如大数据和云计算)相结合,以获得全面的个性化监控信息。评价方法不仅应注重进程评价和最终评价,而且应注重发展评价,其中科学、创新和学生协作能力是评价的关键指标。

(2)三种探究式教学策略的对比

在 5E 教学模式中,探索是核心环节,问题是探索活动的核心。无论如何设计 STEM 教学,都必须经过探索、获取新知识和利用跨学科知识重新探索的过程。为了培养学生的探索能力,我们新课程的新标准提出了三种探索教学策略:发现式探究、推理式探究和实验式探究。本书对三种勘探教学战略进行了比较分析,如表 6-2 所示。

表6-2 三种探究式教学策略的对比分析

教学策略 对比因素	发现式探究	推理式探究	实验式探究
探究特点	开放性、启发性	逻辑性、科学性	可重复性、可控性
探究问题	基于生活经验或自然现象	较为抽象,难以直接表达	验证自然现象或科学规律
学生活动	主动发现问题、自主归纳结论	观察资料、现象,经过逻辑推理得出结论	通过做实验发现问题、现象或规律,验证假设
探究环节	发现问题→探讨猜想→提出方案→理解重构→反思质疑	提出疑问→问题思考→归纳演绎→逻辑推理→形成结论	发现问题→提出建议→设计实验→观察现象→处理数据→验证假设
能力培养	发散性思维	逻辑性思维	创造性思维

STEM 课程往往以研究或设计解决实际问题的办法为基础,重点是学生在看似混乱的情况下发展自己的设计能力和解决问题的能力。因为解决问题的

过程是认知活动的过程，设计是解决许多问题的活动，所以设计活动也应该是认知活动的一部分。因此，研究得出结论认为，基于设计的学习贯穿以解决问题为重点的整个STEM探索过程。

总之，本书是在STEM教育的背景下设计的，以5E教学过程为基础框架，以探索的中心点为基础，将三种探索教学策略纳入该过程，并设计面向STEM教育的5E探究式教学模式，如图6-4所示。

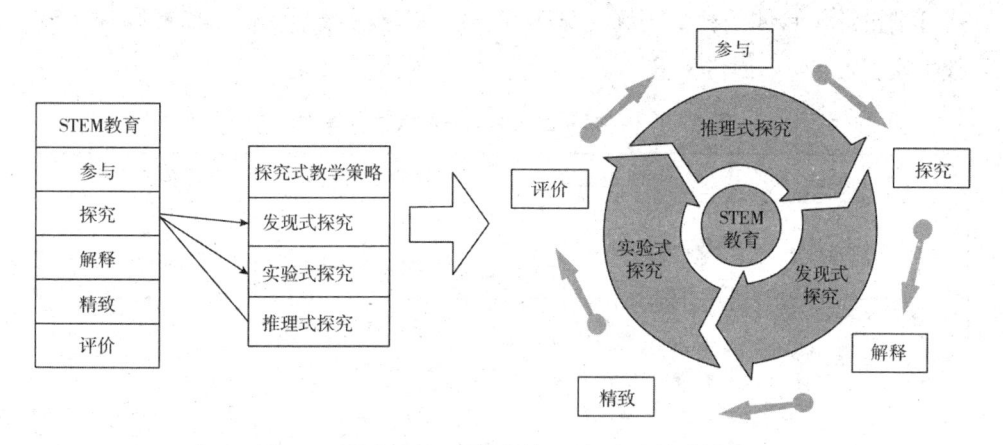

图6-4 面向STEM教育的5E探究式教学模式

地方STEM教育有机地将面向项目或问题的教学模式、跨学科和中等教育概念、个性化和多样化的教育特点、在信息技术支持下探索学习方法和创新动力的自主合作结合起来，作为信息的一个重要组成部分。在STEM教育环境中，5E教学循环交替运行。其中，探索既是5E教学流程的核心环节，又是STEM教学过程中的基本概念。查询节点完成后，它将用作基础。

终点是起点，这将触发新的节点和查询周期。此外，在每个探索周期，学生都呈现出个性化和多样化的学习成果，从而使他们的认知思维能够横向和纵向传播，从而使知识得以构建、转化、生产和迁移。从STEM教育的内容来看，学生探索性的参与学习实践和互动是一种更适合活动层面的学习手段，也是提高学生科技思维质量和应用跨学科教育理念的有益尝试。

与此同时，由于STEM内容的多样性，教师必须灵活选择和适应探索性教学计划的不同特点，教学顺序必须合理安排：如果学习点的数量是多种多样的，则可以建立多种活动；如果勘探活动很复杂，则可以在几个班级完成

5E 教学过程；如果勘探活动之间有更多的中间联系，则可以多次执行"勘探—解释"部分，并逐步推进教学。要做到这一点，STEM 教师必须有一定程度的教学控制力，能够有效地规划、组织和指导教学活动，并使学生能够测试调查活动中的错误。

3.5E 探究式教学案例

本书采用面向 STEM 教育的 5E 探究式教学模式，针对三种探究式教学策略分别设计了具体的教学案例（见表 6-3），以通过教学实例帮助教师理解该教学模式。

表 6-3 5E 探究式教学的三种模式教学案例

探究策略		发现式探究	推理式探究	实验式探究
案例名称		蒙古包主题探究	根据清明节气推理制作天体运动模型	孔明灯实验探究
实验材料		蒙古包模型、记录表等	长纸条、直尺、太阳光源灯以及大小不同的球体等	竹竿、蜡烛、绳子、薄纸、卡纸、不干胶等
课程目标	知识与技能	通过对蒙古包建筑主题探究，理解并掌握相关的跨学科知识经验	通过制作太阳系模型并用数学方法计算距离，能大致推出太阳系行星的分布情况以及运动规律	通过实验设计，探究不同温度和材质以及风向下孔明灯飞行变化的情况，掌握实验设计流程和探究方法
	过程与方法	能够设计主题实验方案，并利用科学、工程学等方法完成项目的制作与探究	能够利用长纸条绘制模型，再利用比例关系计算线段长度，制作较为精确的太阳系天体运动模型	能够制造出可点燃飞行的孔明灯，测试不同因素对孔明灯飞行高度与方向的影响，分析和掌握孔明灯飞行的原理
	情感态度与价值观	养成发现问题的好奇心和求知欲。并通过小组协作探究培养人际沟通与合作能力	通过亲自实践制作抽象的事物。激发探究欲望，培养逻辑推理能力和空间想象能力	体会实验探究的价值，敢于大胆猜想。养成严谨的实验分析能力和果敢的科学探究能力

续表

	探究策略	发现式探究	推理式探究	实验式探究
教学过程	参与	教师于课前将蒙古包模型发给各小组。各小组参与讨论	教师展示清明时节太阳与地球的位置以及太阳系其他星体分布图,吸引学生观察对比	教师于课前将孔明灯发给各小组。各小组参与讨论
	探究	各小组选择蒙古包研究主题,确定设计方案,进行调查、发明创作	教师简要介绍八大行星以及运动规律,再提供长纸条和介绍制作太阳系模型的方法,引导学生操作	教师播放一段不同材质的孔明灯飞行视频,引出主题:什么情况下孔明灯飞得又高又稳
	解释	各小组展示方案,教师予以纠正或补充,并进行归纳总结	教师播放有关太阳系星体运动的影片,学生讨论结果,得出初步结论	学生分析数据,得出结果;教师再次启发学生,并做适当补充
	精致	学生修改方案,教师再次启发学生围绕"蒙古包建筑"形状以及选材原因等方面进行主题探究	教师引导学生按照比例方法根据星体运动规律以及太阳系分布的实际距离计算长度、用直尺制作模型	学生修改实验过程。教师启发学生根据相关运动原理设计"蒸气球、热气球"实验
	评价	根据任务完成情况,进行教师提问测评、团队互评、学生自评	教师综合学生课堂表现和任务完成情况进行评价,学生团队之间互评和自评	教师根据课堂表现,评价学生动手、探究和协作等方面的能力

续表

探究策略		发现式探究	推理式探究	实验式探究
案例分析	学科	建筑学、工程学、历史学等	天文学、数学、哲学等	数学、物理学、地理学、工程学等
	STEM元素分析	蒙古包的形成属于科学，建筑方法属于技术，发展过程属于历史，对蒙古包的探究属于对我国民族建筑文化的研究	太阳系的运动规律以及分布特征属于科学，利用长纸条制作模型的方法属于技术，制作太阳系模型属于工程、按照比例方法计算长纸条长度属于数学，其中还涉及万物发展的规律，以及我国对节气变化的总结和相应的习俗	按照比例方法计算竹竿以及糊纸尺寸属于数学，制作孔明灯属于工程，孔明灯靠热气飞行属于物理学，影响飞行速度与方向的风速、湿度等因素属于气候学，孔明灯在我国古代多是做军事用途，属于我国传统手工艺品

　　STEM 教育进入课堂已成为全球趋势。在知识经济时代，发展学生的 STEM 核心能力和创新创业能力已成为一种新的教育模式。因此，STEM 教育的研究人员和从业人员应利用中国目前的教育状况，将其纳入本土教育模式，并将其纳入社会价值观、艺术和信息技术，创造一种具有中国特色文化的 STEM 教育形式。

　　探究式教学法以 5E 教学过程为基本框架，从多个角度分析文化传承 STEM 的教学形式，着重"探究"构建 STEM 教学的 5E 探索教学模式，提出三种探索教学策略。要使这一模式成为现实，就必须展开一个曲折的进程，从吸引人们注意到这一模式的普及。因此，在实施这一模式的过程中，教育研究人员必须不断完善教学策略，将理论与实践相结合，推动文化传承的 STEM 教育进步的螺旋，通过创新、协调、生态、开放和共享，加快中国文化传承教育现代化的步伐。

六、基于人工智能的 STEM-AI 教学改进方法

　　人工智能教育其实是学科与人工智能的结合，人工智能技术的传播已经影响到许多学科，新的人工智能教育领域旨在通过人工智能技术支持，帮助

教师更有效、更简洁地传授知识，使学生能够清楚地学习信息、经济、科学和人工智能教育技术，促进学生在解决问题过程中的思考，培养学生解决问题和创新的能力。

1. 人工智能教学法重要性

人工智能技术支持的新教学模式是以学习者为中心的教学模式，改变了传统教学模式，更符合科学技术趋势，从而促进了教学模式改革，提高了教学效率。

（1）基于人工智能的 STEM-AI 教育法培养的人才更符合当代社会发展

STEM 教学在人工智能的支持下，在教学方法改革和更有效的人才培养方面取得了重大突破。当今的智能信息时代对学生的数字信息技术、创新思维、综合知识、团队沟通和研究精神提出了更高的要求。因此，为了适应这样一个压力很大的社会，需要培养新的、更全面的人才，这既是未来教育的希望，又是其支柱。

中学生刚刚从小学过渡到一个转弯处。这段时间是把握学生知识快速增长阶段的时候，通过将交叉学习课程纳入 STEM，为学生提供了交叉学习，并将分散的知识与综合知识结合起来，为学生提供教育。与此同时，学生必须了解信息技术的应用，并能够以科学合理的方式利用新技术解决实际问题。许多高中不重视计算机文化，导致学生在高中甚至大学都不了解计算机的基本功能，在当今人工智能时代被社会淘汰。

因此，将 STEM 交叉学习引入初中教育和更加科学的人工智能教学可以有效合理地培养创新人才，满足社会的新需求。

（2）基于人工智能的 STEM-AI 教育法提高课程成效性

人工智能教育有助于教师设计更合理的教学内容和方法，以取得更有效的教学成果，学生可以更科学、合理地接受教师的知识。并且，在人工智能教育的支持下，学生的学习状况和成绩可以数字化，学生的学习成绩可以用大量数据进行分阶段分析。教师对每个学生的学习状况有了更好的实践、科学和客观的了解，为分析 STEM 教学的影响提供了重要的基础。

STEM 的跨学科教育面临许多问题，如学生互动、教学技术支持、整合教学资源等。人工智能教育的支持使学生能够适应更有效的环境，共享大量数据，并通过多门课程帮助学生解决问题。

2. 设计模式与STEM-AI教学法

根据STEM教育的特征、教育人工智能技术对STEM教育的支持以及设计原则，参照项目学习的设计模式，本节从教学环境、教学目标、教学内容、学习活动、教学评价五个方面，设计了基于人工智能技术的STEM-AI教学法，如图6-5所示。

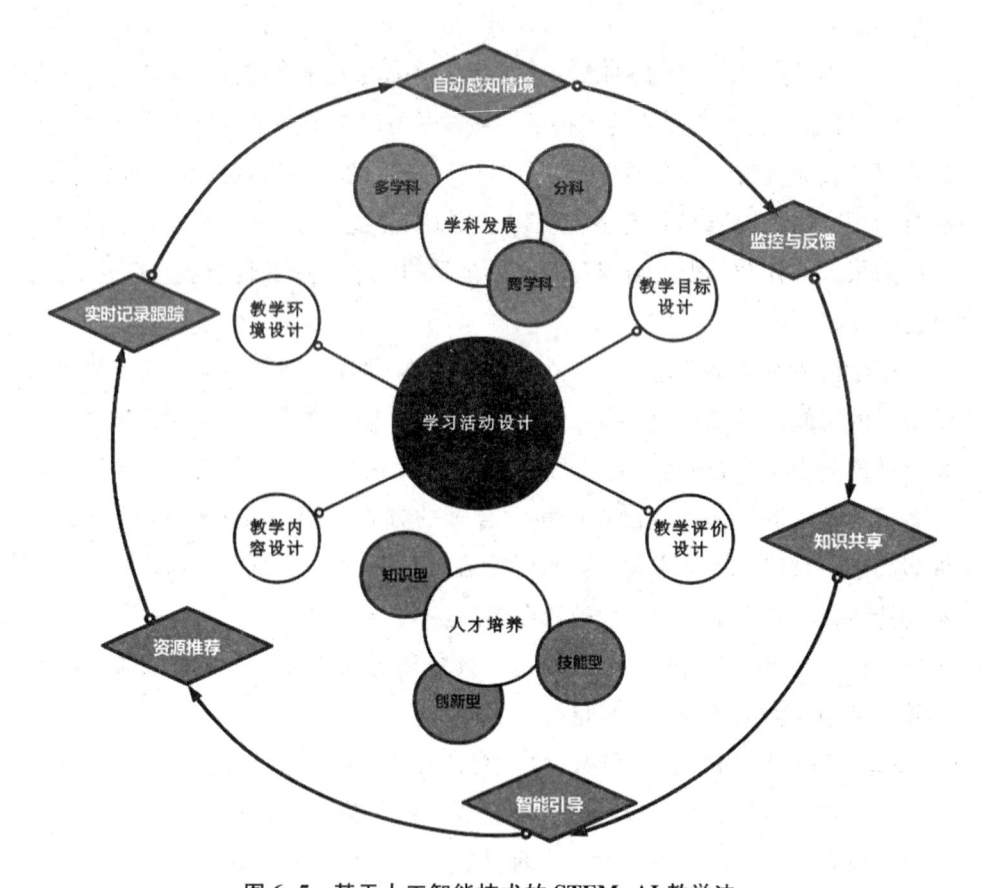

图6-5 基于人工智能技术的STEM-AI教学法

人工智能的加入使STEM教学的设计更加规范、更加合理，其在教学环境、教学目标、教学内容、学习活动、教学评价五个方面可以不同程度地帮助教学活动顺利开展。教学环境方面，在人工智能技术的支持下，该环境可以自动感知教室的温度和灯光，为学生提供舒适、利于集中注意力的学习场所；也可实现学生与学生、学生与教师、学生与资源的多元交互，从而营造一个平等的、和谐的学习氛围。教学目标方面，学生可以借助人工智能技术，查阅、收集资料，制作 3D 作品、模型等完成 STEM 教育目标。在教学内容方面，教师借助信息技术手段来完成难以教授的教学项目，例如，民族建筑 3D 建模、模拟陶瓷烧窑色泽等，让学生更直观地理解晦涩难懂的概念，更有助于提高教学质量。在学习活动方面，教师借助人工智能技术，为学生呈现真实的导入情境，让学生在实际的情境中发现问题、解决问题。教学评价方面，通过大数据分析技术，对学生在学习过程中产生的数据进行分析，不仅能为学生提供、推荐个性化的学习资源，还能为教师和学生提供及时的反馈，实现动态的过程性评价。

在当今人工智能普及的浪潮中，学生通过参与不同形式的人工智能文化传承课程项目，提高对 STEM 和人工智能的认识和兴趣，其文化传承的 STEM 素养和跨学科的综合实践能力将得到一定程度的提升；同时，为我国青少年未来在信息时代掌握人工智能技术打下坚实的基础。

当前，国内外学者提出了诸多 STEM 教学模式和模型，也有学者进行了基于中国优秀传统文化的学科知识整合层面的探索，但在思维层面和价值观内化方面缺乏对传统文化内涵的充分挖掘。作为一种面向中华优秀传统文化传承的学科融合教育，文化传承的 STEM 强调在文化传承导向下多学科知识与思维方式的内在融合，以及富含文化情境的活动体验与系统建模，是 STEM 教育本土化发展的一种积极尝试。经过学者的实践表明，以上几种是较为适合我国发展 STEM 教育的代表模式，学生参与科技创新、创客、STEM 跨学科项目式学习活动的人次显著增多，对传统文化的认知度也显著增强。随着我国未来对文化传承的 STEM 教育的研究加深，相信会有越来越多适合我国文化教育系统的 STEM 教育模式。

第七章

优化后以皮影艺术为主题的 STEM 课程案例

我国 STEM 教育起步相对较晚，设计的 STEM 课程内容、评价等教育体系基本是借鉴与参考 STEM 教育发展较为成熟的国家的课程标准，难免会教条化、书本化。经过我国教育学者对各种教学模式的研究与改进，将我国教育与 STEM 教育有机融合，使 STEM 教育本土化。通过改进后的教学模式，文化传承的 STEM 课程将会更适合我国教育发展，一方面，可以传承优秀文化，并培养出具备实验能力的文化艺术人才；另一方面，达到创新发展我国新文化、增强国家自豪感的目的。本章以我国传统艺术——现代皮影艺术为案例，以改进的教学方法为课程指导，对比传统的教学模式，展现 STEM 文化传承的教学的优点，希望能为以后我国传承优秀文化的 STEM 课程做出借鉴与参考。

一、情景分析

1. 校情分析

学校必须为基础教育，以打造全面发展的自主教育空间并促进学生的德智体美劳均衡发展为办学目标。并且，学校教学设施齐全，具备从软硬件各方面保障本课程开发与实践的条件。同时，本课程也符合该校的科学、文化共同发展的办学特色。

2. 学情分析

本课程选取的授课对象要有一定的课程认识，如对编程、色彩以及辩证思维方面的认识。小学阶段的学生，好奇心强盛，但耐心不佳；中学生处于好动、好奇、好表现的年龄阶段，但抽象能力与辩证思维欠缺；高年级的学生耐力足，想象力容易受限于固定模式。皮影艺术的课程内容要以不同阶段的学生发展特性来设立不同的难易程度。以皮影课程为例，该课程更适合喜欢动手、初步具备思维逻辑的中学阶段的学生。该课程可以更好地提升学生的手工能力，加强学生对思维逻辑的整理，为学生提供优美的展示舞台。

3. 社情分析

本课程的教学内容皮影艺术是我国传统的优秀文化，是我国非遗文化的代表之一。在国家层面，皮影艺术的传承与创新是国家大力支持并鼓励发展的优秀文化；在社会层面，皮影艺术是人民群众长期以来最喜闻乐见的艺术表演形式之一；在家庭层面，由于学校设定的评价制度，使家长对数学、语文、外语三大主学科以及评分的学科更为看重，父母更认为该课程为副科，并不重视皮影艺术，也体会不到皮影艺术中蕴含的科学知识。

从以上情境可以分析出，虽然我国教育想要将皮影艺术作为一门STEM正式课程，但因其课程内容、评价制度以及普及等方面不健全，皮影艺术成为学校的正式课程仍有一段艰难的道路要走。

二、教学内容

课程内容可参考第五章，取其长而避其短，并根据学校的自身特点及软硬件条件，将课程内容提取精炼后重新整合融入现代材料、信息技术、新兴科技等现代元素。经过分析讨论并听取专家建议后，得到"现代皮影戏"课程内容框架，如图7-1所示。

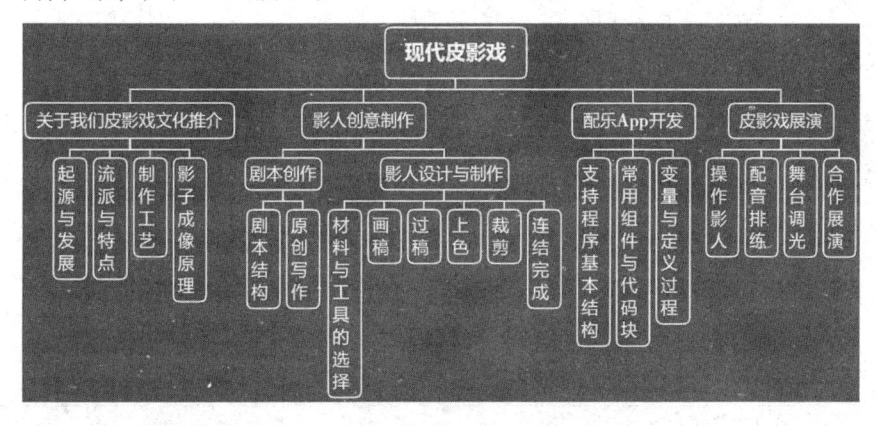

图7-1 "现代皮影戏"课程内容框架

教师在准备教案时，对于皮影艺术项目中所涉及的STEM元素也要准备得当，因本书第五章已经详述，故在此以及下文中有些重复内容将不再赘述。

1. 教学目标

知识与技能：了解皮影艺术的文化起源与发展、流派与特点、工艺与传承，理解光的影子的成像原理，了解AR、VR技术。

过程与方法：学会使用VR眼镜，撰写项目计划。

情感态度价值观：通过现代科技感受传统文化之美，激发学生深入学习的兴趣；形成小组合作与实验探索的意识。

2. 皮影艺术项目活动设计

本课程的活动内容依据STEM-PBL教学活动设计的流程进行总体设计，依据先前制定完成的课程目标、课程内容，以及针对中学阶段的学生的学习特点进行分析后，设计得出如表7-1所示的项目活动总体设计。

表7-1 现代皮影艺术活动设计

皮影项目阶段	单元主题	活动内容	课时安排
皮影文化导入	中国灯影	A. 沉浸式体验皮影文化，了解其历史背景等 B. 项目分组，确定项目主题，并撰写项目计划	第1~2课时
皮影艺术工坊	影人工匠	A. 创作剧本与画稿 B. 通过实验选取制作皮影人物的材料和工具 C. 皮影人物制作，包括过稿、上色、裁剪和连接	第3~8课时
	万"码"奔腾	A. 通过玩"块语言"编程闯关游戏，对编程有基础的认知，并理解程序的三种结构 B. 通过学习"你好佩奇"编程案例，认识"App Inventor" C. 学习编程案例"掌上音乐" D. 根据以上所学编程案例，设计开发一款皮影戏配乐App	第9~14课时

续表

皮影项目阶段	单元主题	活动内容	课时安排
皮影项目展示	拿手好戏	A. 练习影人的操控 B. 舞台调光 C. 根据剧本，加上配乐，分角色进行整体排练 D. 交流总结	第15~16课时

3. 学生项目分组

项目学习小组分组要遵循着同组异质、异组同质的分组原则，通过合理安排小组人数与性别比例，根据学生的各项基本情况，如是否担任班级干部、性格开朗与否、沟通交流与动手能力等情况进行科学分组，通过组内能力较强的学生带动和帮助学习能力较差的学生，促进学生共同发展，使课程教学可以有序、有效地进行，最大限度地优质高效地完成项目作品。小组人数建议为偶数，这样便于学生的组队学习。

4. 课程周期及课时安排

现代皮影戏课程为达到更好的教学效果，将整体内容进行细分，课程的时长也应随课程内容的安排和进度进行延长。该课程全程16课时，每周2课时连上，共8周共分8次课完成皮影戏项目学习，具体安排如表7-2所示。

表7-2 现代皮影戏课程周期及课时安排

皮影项目阶段	单元主题	活动内容	周次
皮影文化导入	中国灯影	文化推介与项目分组	第1周
皮影艺术工坊	影人工匠	剧本创作与画稿设计	第2周
		工具选材与上色剪裁	第3周
		连接完成与调整修改	第4周
	万"码"奔腾	初始编程	第5周
		掌上音乐	第6周
		创意编程配乐App	第7周
项目出品	拿手好戏	皮影展演、总结交流	第8周

5. 教具与场地的准备

课程内容包括设计制作、编程、探究实验等多个环节。综合实践活动教室内设多台计算机、电子黑板以及实验活动台等,能够满足设计制作与实验探究环节,编程部分的学习则安排在计算机教室。

因为项目活动过程中会涉及科学实验、设计制作、编程开发等环节,所以需要在课程实施前准备所需的物料,保证项目活动顺利进行。物料清单明细如表 7-3 所示。

表 7-3 现代皮影戏各阶段教具清单

皮影项目阶段	单元主题	活动所需教具
皮影文化导入	中国灯影	AR 眼镜、手机、安卓平板电脑、画册、展板、皮影人实物
皮影艺术工坊	影人工匠	剧本样稿、皮影人样稿、皮影人制作耗材、皮影人制作工具、可联网计算机
皮影艺术工坊	万"码"奔腾	编程案例的组件素材、可联网计算机、平板电脑
皮影项目展示	拿手好戏	皮影戏物体及灯光、手机、平板电脑

6. 皮影戏教学设计分析与教学反思

(1) 皮影文化导入——中国灯影

皮影文化导入作为项目式学习的项目主题引入阶段,起到至关重要的作用,新颖的导入环节,能够在很大程度上激发学生的学习兴趣和学习动机,独特新颖的课程导入能够有效地提升整个项目的实施质量,使项目整体更加出彩。运用多种有趣的教学方式和手段并利用新兴科技进行辅助教学,达到创意教学与教学创新的目的。

①教学目标。

知识与技能:了解皮影艺术的文化起源与发展、流派与特点、工艺与传承,理解光的影子的成像原理,了解 AR、VR 技术。

过程与方法:学会使用 VR 眼镜,撰写项目计划。

情感态度价值观:通过现代科技感受传统文化之美,激发学生深入学习的兴趣；形成小组合作与实验探索的意识。

②教学过程。

"皮影文化导入——中国影灯"包括游戏导入、光影实验、沉浸体验艺术、成立项目小组等教学环节，具体教学过程如表7-4所示。

表7-4　"皮影文化导入——中国影灯"具体教学过程

环节	教师活动	学生活动	设计意图
游戏导入，趣味互动（10分钟）	做手影游戏，比出各式动物造型，让学生竞猜，然后讲出手影游戏背后的科学原理（光的直线传播），并抛出问题：影子大小与哪些因素相关	互动竞猜教师所比手影是何种动物	以游戏的方式开启课程，与学生进行互动，激发学生的学习兴趣
光与影子，实验探究（20分钟）	给出实验要求及方法，监督并指导学生有序地进行实验，引出项目主题——皮影戏	学生按照教师的要求分组进行实验，记录实验数据，绘制表格，总结实验结论	小组合作的方式进行实验探究，从而理解科学原理，培养学生合作能力与探究精神
皮影艺术，沉浸体验（25分钟）	带领学生参观微型"沉浸式皮影文化体验馆"，解说文化历史背景，指导学生使用AR、VR设备沉浸式体验皮影艺术，最后总结皮影艺术的组成要素	参观微型"沉浸式皮影文化体验馆"，体验AR、VR技术	以新兴科技辅助教学，以实境式体验形式进行活动，很大程度激发学生的学习兴趣与动机
项目选题，撰写报告（30分钟）	引导学生畅想如何将传统皮影戏与现代技术相结合，组织成立项目小组，指导各小组进行项目选题并撰写项目企划书，带领学生讨论确定"现代皮影戏"的项目设计流程	集体讨论如何将新技术、新方式、新手段加入传统皮影戏中，成立项目小组，推选组长与活动记录员，撰写项目企划书	学生利用"头脑风暴"的形式进行讨论，激发学生的发散思维与创造力。成立项目小组，提高学生沟通交流能力

续表

环节	教师活动	学生活动	设计意图
小结（5分钟）	公布各组项目主题，宣布项目启动，预告下一节课的内容	聆听、总结、反思、填写自评与互评表	总结，鼓励学生，增强学生的自信心与参与课程的积极性

③"皮影文化导入——中国灯影"的 STEM 元素分析如表 7-5 所示。

表 7-5 "皮影文化导入——中国灯影"的 STEM 元素分析

学科	知识元素
科学	光的直线传播原理、影子成像原理
技术	AR 技术、VR 技术
工程	项目企划
数学	测量与计算

④教学反思。

STEM 项目式课程的引入环节对整个课程或项目活动都起到了十分重要的作用，为后续课程起承转合。"皮影文化导入"有 2 课时（90 分钟）的内容，如何有效、有趣、有料地做好情境导入是项目活动设计的重点之一。本课程设计了手影游戏进行课程导入，利用互动游戏引出影子的成像原理，可以使学生课堂反应积极、课堂氛围热烈，能够快速地使学生进入课堂状态。课程中还加入了实验探究的环节，体现了 STEM 教育对学生探究精神的培养，通过动手实验，发现科学现象，并通过科学知识对其进行解释，从而提升学生的科学素养。

本课程设计的最大特色是，为了学生能够真实地进行情境体验，专门搭建了微型"沉浸式皮影文化体验馆"。教师以一个解说员的身份，带领学生参观体验，通过 AR、VR 技术的辅助，让学生沉浸式体验到皮影艺术之美与现代科技的魅力。

(2) 皮影艺术工坊——影人工匠

从"影人工匠"单元主题开始，正式进入项目作品的制作环节。学生根据项目计划进行剧本编创和影人制作等环节，在教师的引导、指导和督导下，学生进行分工协作、创意设计和动手探究。

①教学目标。

知识与技能：知道剧本的结构与要素，了解皮影影人的制作工序，学会根据所学科学知识选择工具与材料。

过程与方法：学会设计简单的剧本和皮影戏的画稿。

情感态度价值观：培养合作精神与信息意识；感受皮影戏的艺术价值与魅力；提升创造力与动手实践能力，形成迭代思维。

②教学过程。

"皮影艺术工坊——影人工匠"包括剧本创作与画稿设计、工具选材与上色裁剪、连接完成与调整修改三个单元，具体教学过程如表7-6所示。

表7-6 "皮影艺术工坊——影人工匠"教学过程

单元	环节	教师活动	学生活动	设计意图
剧本创作与画稿设计	视频导入，欣赏分析（10分钟）	播放皮影戏片段，指导学生分析并总结皮影戏剧本的结构	观看视频，根据剧本实例分析讨论总结皮影戏剧本的结构要素	以皮影作品分析的方式认识剧本的结构特征
	小组讨论，创作剧本（35分钟）	监督指导学生进行皮影戏剧本的创作	小组讨论后，根据本组选题进行剧本的创作，完成初稿	团队成员各抒己见，共同创作，激发创意灵感，培养创新与合作精神
	教师审阅，修改剧本（10分钟）	审阅各小组的剧本初稿，给出修改意见，鼓励学生	根据教师的修改建议，进行剧本内容的适当修改，完善不合理的环节，完善本组所选主题剧本的完成稿	发现剧本的问题后，进行反复修改，从而解决问题，这个过程培养学生的问题解决能力与迭代思维
	搜索素材，设计画稿（3分钟）	提供给学生画稿样例，指导学生进行创作设计	参照画稿样例，先进行角色造型整体画像的设计，然后将角色各部位拆分后进行画稿	按照剧本，设计剧中各角色造型，再转换为皮影画稿，提升学生的动手能力与工程思维

153

续表

单元	环节	教师活动	学生活动	设计意图
剧本创作与画稿设计	小结（5分钟）	总结本节课的活动情况，鼓励学生并引出下一节课的活动内容	聆听、反思	总结，鼓励学生，增强学生的自信心和参与课程的积极性
工具选材与上色裁剪	视频导入，确定工艺（20分钟）	播放传统皮影影人的制作流程微视频，引导学生总结其工艺流程，带领学生讨论如何将传统影人制作流程"现代化"	观看视频，总结传统影人制作的工艺流程，集体讨论如何将其"现代化"，各小组画出现代皮影人制作工艺流程简图	学生小组讨论，各抒己见，提出自己的创意与想法，提升沟通交流能力与发散思维
	实验探索，工具选材（15分钟）	提供备选材料与工具，观察学生实验过程	项目小组进行实验并做好实验记录，探究讨论后，确定选择的材料与工具	学生以动手实验的方式选取材料与工具，培养学生探究精神
	分工合作，上色裁剪（45分钟）	观察、指导	项目小组各司其职、团队合作，按照画稿进行过稿后上色，最后进行裁剪	培养学生的动手能力与合作精神
	互动总结（10分钟）	组织项目小组之间的交流讨论，并进行评价	交流工具选材的原因，各组间讨论并互动评价	学生小组间互动评价各组的工具与选材结果，培养学生的批判性思维
连接完成与调整修改	分工合作，动手实践（80分钟）	观察、指导、督导	项目小组分工合作，将所有角色的影人连接完成，进行调试后，如发现问题，及时修改调整	培养动手能力与合作精神

续表

单元	环节	教师活动	学生活动	设计意图
连接完成与调整修改	总结（10分钟）	点评各小组的影人成品，鼓励学生	聆听、反思，填写自评与互评表	总结，鼓励学生，增强学生的自信心和参与课程的积极性

③"皮影艺术工坊——影人工匠"STEM 元素分析如表 7-7 所示。

表 7-7 "皮影艺术工坊——影人工匠"STEM 元素分析

学科	知识元素
科学	影人关节活动与扎结原理
技术	信息检索、工具操作、选材
工程	工程设计
数学	测量、几何

④教学反思。

本节课设计通过小组合作、鉴赏观察、分析讨论，使各小组完成了剧本创作、画稿设计与影人制作。本节课活动内容的安排，培养了学生理性解释与判断的能力，通过发现问题—修改问题—再发现问题—再修改问题这样一个循环，让学生逐步形成迭代思维。整体课堂氛围比较活跃，但相较于第一周皮影文化导入课程，学生整体学习兴趣应该会有所降低。本节课的课程内容相对于其他内容来说会显得枯燥一些，一方面，会使学生在影人绘画方面，尤其是男同学可能兴趣不浓；另一方面，在连接与修改上，会使同学产生厌烦情绪。所以，教师应在过程中，鼓励男女生互相搭配，取长补短，可以体现学生的团队合作意识。

（3）皮影艺术工坊——万"码"奔腾

①教学目标。

知识与技能：认识可视化编程，理解程序的三种结构，认识 App Inventor，与其常用组件，理解变量和函数的概念，熟悉 App Inventor 编程的一般流程，简单了解电声转换原理。

过程与方法：学会简单的 App 编程，并将制作完成的 App 打包下载到安卓设备上。

情感态度与价值观：培养计算思维与创造力，激发审美情趣，爱上编程。

②教学过程。

"皮影艺术工坊——万'码'奔腾"包括初识编程、掌上音乐和创意编程配乐 App 三个单元，具体教学过程如表 7-8 所示。

表 7-8 "皮影艺术工坊——万'码'奔腾"教学过程

单元	环节	教师活动	学生活动	设计意图
初识编程	提问导入（2 分钟）	提问学生喜欢玩的数字化游戏	互动	以学生喜欢的数字化游戏作为切入点，拉近与学生的距离，引出编程游戏
	编程游戏（33 分钟）	观察、指导、总结	打开拼图和迷宫游戏，规划迷宫路线，优化程序，小组间互助	以数字化游戏的学习方式，通过在"玩"中学，了解块语言的编程方式以及程序的三种结构，激发学生对编程的兴趣，并为接下来的 App 编程学习提供先备基础
	动画导入（3 分钟）	播放《小猪佩奇》动画片段，展示"你好佩奇"App	观看、聆听、互动	播放动画，激发学生学习的兴趣
	初始 AI 伴侣（7 分钟）	介绍 App Inventor 编程环境	注册登录 AI 伴侣并新建项目文件，认识、探索 AI 伴侣编程界面	在教师指导下，学生动手实操，熟悉可视化编程环境
	组件设计（10 分钟）	带领学生进行"你好佩奇"App 开发的第一步组件设计，包括素材上传、组件选择、组件属性设置等	按照教师指导进行组件设计，认识"你好佩奇"App 所用到的按钮、声音和振动组件以及加速度传感等组件，并了解其功能	通过案例学习，学生动手实操，熟悉组件设计的各个环节

续表

单元	环节	教师活动	学生活动	设计意图
初识编程	逻辑设计 （10分钟）	带领学生进行"你好佩奇"App开发的第二步组件设计	按照教师指导，分析"你好佩奇"的运行流程以及接触的事件，然后进行逻辑设计	通过案例学习，学生学会分析程序运行的流程，并动手实操，熟悉逻辑设计的各个环节
	调整修正 （5分钟）	提示学生如何使用AI进行程序调试，教会学生在移动设备上安装所生成的App	利用AI伴侣进行程序的调试，如发现错误，及时进行修正，并学会在移动设备上安装开发的App	学生动手实操，完成"你好佩奇"App的开发
	小试牛刀 （15分钟）	布置任务，观察指导	开发第一款由自己设计的"会说话的卡通形象或动物"App	学生开发由自己创意设计的App，获得成就感，极大地激发出学生继续学习App Inventor编程的动机
	小结 （5分钟）	回顾总结本节课学习的内容	聆听、总结、反思	总结
掌上音乐	激情导入 （3分钟）	展示"掌上音乐"App，播放"电声转换"微视频	观察、聆听、互动	直观展示"掌上音乐"App，并通过播放"电声转换"微视频让学生简单了解电声转换的原理，以此引入新课
	组件设计 （17分钟）	带领学生进行"掌上音乐"App开发的第一步组件设计，包括素材上传、组件选择、组件属性设置等	按照教师指导进行组件设计，认识界面布局（包括水平、垂直和表格布局）和音频播放器等新组件，并了解其功能	通过案例学习，学生动手实操，熟悉新组件

续表

单元	环节	教师活动	学生活动	设计意图
掌上音乐	逻辑设计（25分钟）	带领学生进行"掌上音乐"App开发的第二步组件设计。讲解变量以及函数的概念	按照教师指导，分析"掌上音乐"的运行流程以及触发的事件，然后进行逻辑设计。理解什么是变量和函数，利用函数和变量实现"下一曲"事件的程序设计，以及学会应用列表代码块	将数学中的变量和函数的概念引入逻辑设计的环节中，让学生学会利用数学的方法来解决编程问题，提升学生的计算思维
	调试修正（8分钟）	观察、指导	利用AI伴侣进行程序的调试，如发现错误，及时进行修正，并学会在移动设备上安装开发的"掌上音乐"App	学生动手实操，发现问题及时修正，完成"掌上音乐"App的开发
	小试牛刀（32分钟）	布置任务，观察指导	开发一款由自己设计的音乐播放器App	学生自由创意设计App，完成自己第二个App编程作品，获得成就感，激发学习兴趣
	小结（5分钟）	回顾本节课内容，重点复习变量与函数的概念	聆听、反思、总结	总结
创意编程配乐App	—	观察、指导、督导	根据剧本创意设计，开发一款本组主题的皮影戏配乐App，填写自评和互评表	培养学生创造力、计算思维与审美情趣

③ "皮影艺术工坊——万'码'奔腾"STEM元素分析具体如表7-9所示。

表 7-9　"皮影艺术工坊——万'码'奔腾" STEM 元素分析

学科	知识元素
科学	电声转换原理
技术	信息检索、选材
工程	工程设计
数学	测量、几何、计算

④教学反思。

以通关编程游戏作为 App Inventor 编程学习的铺垫,对于激发学生的学习动机与学习兴趣有很好的效果。引入编程游戏正是迎合初中学生好玩、好动的特点,在通关游戏的过程中,潜移默化地学会并理解一些基础的编程概念,为之后的编程案例的学习做足铺垫。但在编程游戏学习的教学过程中会出现个别学生偷玩其他游戏的现象,并且在进行编程案例教学时,也会有极个别学生偷玩游戏的情况,助教教师需要及时发现并进行纪律提醒和正面引导。因为 App Inventor 编程学习是在计算机联网的情况下进行教学的,难以避免出现偷玩游戏的情况,所以对于编程教学,配备助教教师是十分必要的。

（4）皮影项目展示——拿手好戏

①教学目标。

知识与技能：学会操作皮影人。

过程与方法：利用光影原理调试灯光。

情感态度与价值观：培养合作精神,感受皮影艺术之美。

②教学过程。

"皮影项目展示——拿手好戏"包括影戏排练、激情演出、交流讨论等环节,具体教学过程如表 7-10 所示。

表7-10 "皮影项目展示——拿手好戏"教学过程

环节	教师活动	学生活动	设计意图
影戏排练，分工合作（40分钟）	观察、引导、指导、督导	集体讨论，确定排练流程及角色分工；按照各组剧本，根据自己的角色，熟记台词；练习操作影人，包括控制影人的头、手以及转身；配合配乐App，进行影戏的整体排练	多练习才能熟能生巧，激发学生的语言表达，培养动手能力、表演才能及团队默契
激情演出，完美谢幕（30分钟）	观察、引导、指导、督导	调试灯光，分组表演	以小组展演的形式，给予每个小组、每个学生展示自我的机会，既能培养团队合作的精神又能使学生获得极大的成就感、满足感，从而提升自信心
互评互赞，交流讨论（10分钟）	观察、聆听	小组间、小组内互相点评，并交流心得	提升学生的语言表达与沟通交流能力
教师总结，项目收官（10分钟）	点评、总结	聆听、总结、反思，填写自评和互评表	总结

③ "皮影项目展示——拿手好戏" STEM元素分析具体如表7-11所示。

表7-11 "皮影项目展示——拿手好戏" STEM元素分析

学科	知识元素
科学	光影原理
技术	影人操作
工程	项目分工
数学	测量

④教学反思。

在学生分组排练时可能会出现一些意想不到的情况，但各组能互帮互助，共同克服困难才是小组组建的目的。在表演环节，若有的学生发生紧张、忘词等情况，教师仍应以鼓励为主，整体效果令人满意就是一场完美的表演秀。表演现场各项目小组分工合作，共同演绎一台"现代皮影戏"，受邀的"影评人"应以专业的角度进行评审，让学生明白自身与真实的皮影戏之间的距离。表演结束后，在教师的组织下，加入组间、组内互相评价与交流分享的环节，学生可以发表自己的各种看法、感受与感悟，将课程学习升华到文化体认层面，践行了本课程使学生爱上中华优秀传统文化的目标，将中华优秀传统文化的传承与发展具体落实到课程当中。

7. 教学资源开发

（1）微型"沉浸式皮影文化体验馆"

微型"沉浸式皮影文化体验馆"搭建如图 7-2 所示。

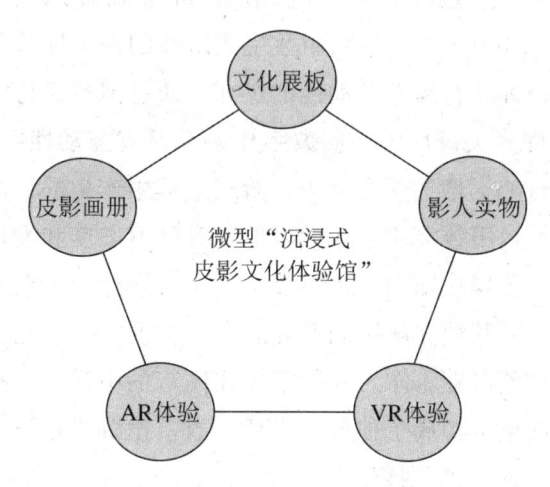

图 7-2 微型"沉浸式皮影文化体验馆"

文化展板：提供皮影戏文化背景的文字介绍。

影人实物：让学生近距离观赏由兽皮经过传统工艺制作而成的皮影人。

皮影画册：丰富多彩的皮影戏故事，以一张张生动的图画呈现。

AR 体验：AR 即增强现实技术，通过移动终端安装的 App，扫描特定图案后产生虚实结合的皮影戏场景。

VR 体验：VR 即虚拟现实技术，佩戴 VR 眼镜沉浸式欣赏皮影戏。

模拟真实场馆为学生搭建微型"沉浸式皮影文化体验馆"，体验皮影艺术的文化及背景，以及利用 AR 和 VR 技术让学生沉浸式地感受皮影戏的艺术魅力，以 AR 等新兴科技创设教学鉴赏情境更能提升学生的学习动机。

（2）编程学习和环境搭建

①块语言编程游戏。

为了培养更多优秀的编程人员，由谷歌公司主导开发的"块语言编程游戏"应运而生。该游戏是一款用于教授编程知识的教育类游戏，其主要目的是让学习者通过轻松的游戏直观地了解和学习编程技术，主要面向没有计算机编程基础的学习者。

在学会使用 App Inventor 之前，需要具备简单的编程基础，如程序的结构等。利用块语言编程游戏进行教学设计，创建基于数字化游戏的学习方式，使学生在"玩游戏"的过程中学习并积累编程的基础知识。

基于数字化游戏的学习是指利用数字化游戏的娱乐性从而达到教育教学的目标。游戏是一种具有高度互动性的媒介，通过精致而巧妙的教学方法可以展现出游戏的许多关键属性。而数字化游戏具有互动性、奇幻性等特点，能引起学生的好奇心、增进学习动力，游戏过程中产生的反馈，可以帮助学生吸收更多知识。运用数字化游戏学习能提升学习态度和发现记忆技巧，帮助学生在学习中自我构建知识。运用数字化游戏进行学习在激发学习者想象力的同时，还能培养其独立解决问题和思考问题的能力，也能激发学习者的积极性、主动性和创造性。作为"数字原住民"的中学生，网络改变了他们的生活，同时，网络也构成了他们的生活。数字化游戏作为一种教学方式更容易被这群"数字原住民"接受。

中文版的块语言游戏由 Roadlas 汉化移植完成，网络地址为 https://playground.17coding.net/，游戏内容包含了拼图、迷宫、捉虫、画图、动画、设计、大战等八款不同的小游戏。游戏以闯关的形式进行，本课程选取拼图和迷宫两个小游戏进行教学。

②中文版 App Inventor 2。

本课程以 App Inventor 2（WxBit 汉化增强版）作为编程工具，网络地址为 https://app.wxbit.com/，并在计算机安装了 AI 伴侣，方便学生进行 App 作品的安装调试。

③微课。

微课即微课程，是一种微型教学视频。"现代皮影戏"课程项目活动中的可视化编程板块，部分教学内容对初中学生来说有些难度，需要教师录制微课，为学生课前预习和课后复习提供支持。微课制作要遵循以学习者为中心的原则。教学设计要有互动性，视频画面要有美观性，音频语言要有生动性，每节微课的时长控制在 5~7 分钟，不宜过长。

④社交平台。

社交平台为师生提供在线交流、素材共享和作品发布等功能，为编程课程模块教学提供有力支持。因为 QQ 群组或微信群组具有即时通信、发布公告以及文件上传等功能，所以本课程应选择创建 QQ 群或微信群组作为社交平台。

⑤素材包。

App 编程开发需要影音素材的支撑，如果让学生自主通过互联网搜集，就会花费大量宝贵的时间，且浪费较多精力。因此，为了减轻学生的负担，并帮助学生高效地完成 App 的编程开发，课程相关的音效和图片等资源，由教师搜集整理后打包上传，以供学生挑选使用。

（3）学习支持材料设计

本课程是活动课程，在教学过程中，学生需要记录各项实验结果、活动过程等，需要物品的清单如表 7-12。

表 7-12　学习支持材料清单

名称	用途
项目企划书	记录项目规划、项目进度、成员分工等
活动记录单	记录项目活动的过程，包括实验、草图等的记录
程序设计单	记录 App 编程的过程，包括素材、组件、流程导图等的记录

"项目企划书"包含项目小组名称、项目小组人员角色分配、项目公约以

及项目进度等内容。

"活动记录单"记录每个单元主题的活动流程、实验结果以及所生成的结论等，是学会整个项目的活动记录。

"程序设计单"为配乐 App 开发单元主题的编程活动的创意与开发记录，包括素材与组件的选择，以及编程流程导图的记录。

8. 课程评价方案制订

根据 STEAM 课程评价的多元化与个性化原则，多主体多角度对课程进行评价，本书将从如表 7-13 所示的各个层面对课程进行评价。

表 7-13　现代皮影艺术课程评价方案

评价层面	评价工具
学生表现	学生表现评价表（自评、互评、师评）
学生作品	作品评价表
学生创造力	威廉斯创造力倾向量表
教学效果	访谈、问卷

（1）学生表现：根据课程评价的多主体原则，本课程依旧采取教师、学生本人、同伴作为评价主体，设计出了"学生表现评价表"，包括学生自评、同伴互评和教师评价。同伴互评属于形成性评价的一种，由教师订立标准评价表，让学习知识背景相近的人，同时扮演评价者与受评者的角色，进行同伴作业的评估，借此观察学习，促进自身的认知和成长。

（2）学生作品：因为 STEAM 项目式学习最终将生成项目作品，所以作品评价是必不可少的。通过学生作品，对学生的创造力和作品艺术性等方面进行评估。

（3）学生创造力：因为 STEAM 是指向创造力的培养，所以学生的创造力评价是课程评价的重要一环，可采用"威廉斯创造力倾向量表"（具体内容参考附件6）来测量学生的创造力水平。

（4）教学效果：本书通过问卷和访谈的形式对课程效果进行评价。

三、课程改进前后对比

1. 改进前课程案例分析

（1）课程框架分析

课程第一部分为文化导入环节。教师播放一段时长为 5 分钟的皮影戏微视频后，引入课程主题——皮影戏，然后进行详细的文化背景介绍，包括起源、发展及风格流派等。

课程第二部分为动手制作环节。首先教师向学生展示几种传统的兽皮影人实物，并简单介绍传统影人的制作工序；其次教师给出了基于现代材料的简易影人的制作方法，学生根据教师的示范进行模仿，并根据教师给出的简易影人画稿制作出影人。

课程第三部分为表演交流环节。首先教师介绍皮影戏舞台及配乐，并示范影人的操作手法，学生分组体验现场配乐的乐器和在幕布舞台上影人的表演；其次教师修改学生剧本，学生分组按照剧本分工、分角色进行表演，学生在表演结束后进行交流；最后教师总结，课程结束。改进前皮影艺术课程内容框架见图 7-3。

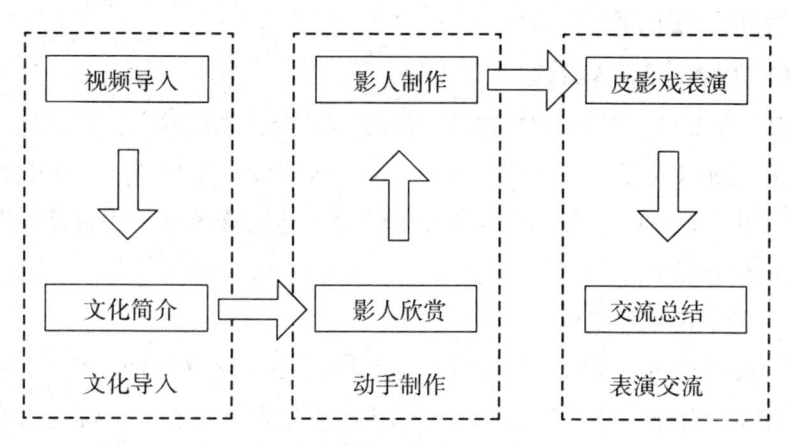

图 7-3 改进前皮影艺术课程内容框架

（2）优缺点分析

①优点：将传统皮影戏影人的制作工序简化，将兽皮等替换为卡纸材料，制作方法难度适中，适应学生的能力水平。对于剧本内容以及人物角色的设

计也给予了学生一定程度上的创新。

在课程的安排上具有良好的连续性，每课时45分钟，集中安排在两三天内完成教学，使学生能够进行连续的学习。

课程过程中安排了2~4位教师进行授课，在减轻教师教学负担的同时，还可以给学生以新鲜感。

②缺点：教学方法单一，动手制作环节以讲授法和演示法为主，学生按部就班地依照教师的指示，较程式化地完成课程学习，不能有效地带动学生的主动性与创造性。

课时安排过少。对包含了制作与表演，并且拥有悠长历史文化背景的皮影戏来说，只安排了几个课时，统一集中上课，显得有些过于单薄，对学生来说没有足够的时间充分地体验每个环节。

整体来看，素质教育基地的皮影戏课程内容较为完整、具有较好的连续性，并且涵盖了文化赏析、实践制作、互动表演等多个环节，但由于课程时间有限，课程的完成度一般。教学方法比较单一，虽然用到了一些学生感兴趣的游戏式教学，但是依然显得活力不足。教室设计具有情境体验感，着重强调学生的情境体验与动手能力，但整体课程忽略了学生创造力的培养。

2. 改进后课程案例创新点

（1）传统文化融入编程

"现代皮影戏"课程巧妙地将优秀传统文化与信息技术学科内容整合到一起。把编程加入皮影戏的配乐环节中，通过开发设计配乐App，将皮影戏的配乐数字化，让学生学习皮影戏制作的同时，还能够学习一些编程知识，培养学生的计算思维。

（2）通关游戏学编程

在App Inventor编程教学环节中，采用基于数字化游戏的学习法，通过通关编程游戏，让学生学习编程的基础内容，使枯燥且具有一定难度的编程课程更加有趣和容易理解。

（3）沉浸式情境体验传统文化

课程教学中加入游戏式学习。在皮影戏配乐介绍环节，教师通过玩猜谜游戏的方式向学生介绍皮影戏的配乐乐器。这种游戏式的教学方式能够充分调动学生参与学习的积极性并提高课堂活跃度。

在皮影艺术赏析环节，教室布置具有很强的情境体验感，搭建了微型"沉浸式皮影文化体验馆"，整个皮影戏教室被设计成了一个文化体验馆，教室当中设置了多面文化墙、故事墙以及皮影实物展示区域，还有真实比例的皮影表演幕布舞台以及各式乐器等，利用AR、VR技术等现代科技产品，让学生沉浸式体验传统文化之美，给学生创设了一个真实的文化情境，激发学生的学习兴趣与动机。

本书通过对国内外文献的梳理比较，总结了STEAM教育的最新研究动态，发现基于中华优秀传统文化的STEAM课程资源极少。为响应国家的教育政策，遵循跨学科课程整合、传统文化传承等教育理念，本书参考情境分析课程开发模式，以PBL项目式学习的教学模式，设计了一套完整的，适合中学阶段学生的"现代皮影戏"STEM课程，包括"皮影文化导入——中国灯影""皮影艺术工坊——影人工匠""皮影艺术工坊——万'码'奔腾""皮影项目展示——拿手好戏"等四个项目，将皮影艺术与信息技术课中的编程课程相整合，加入了科学探索、实验探究等活动内容。

中国优秀传统文化是古人的智慧结晶，丰富多样，但保护和传承也迫在眉睫。文化的传承是国家的期望，是学校的期许，也是本课程的意义所在。通过"现代皮影戏"STEM课程的学习，让学生能够认识优秀传统文化、体验优秀传统文化、爱上优秀传统文化、创新优秀传统文化、传承优秀传统文化，并能将所学到的知识技能最终内化为生活的一部分。

第八章

总结与展望

目前，STEM教育正开展得如火如荼，这种全新的教育模式得到了家长的认可和学生的喜爱。STEM教育理念的核心为综合性，旨在培养学生综合运用不同学科知识的能力。STEM教育有助于学生思维方式的转变和创新能力的培养，这对培养学生未来的核心竞争力有着重要的意义。

中国传统文化灿烂辉煌，是古人智慧的结晶。将STEM教育理念与中国优秀传统文化进行结合，让STEM教育成为弘扬中国优秀传统文化的新形式，让学生通过现代教育方式学习优秀传统文化，对优秀传统文化进行深度解读，在传承的基础上进行文化创新与输出，并将科学、工程、技术等多方面要素完美融合，才是将STEM教育本土化、实效化的最终目标。

一、总结

经过对STEM教育理论知识、STEM教育发展历程、现阶段我国文化传承方面的STEM课程以及课程改进方法的研究后，改进后的新模式STEM文化传承课程更具备现代化、科学化以及实效性。STEM文化传承的课程虽发展不完善，仍需要我国教育者摸着石头过河，但可以肯定的是，将STEM教育作为传承我国优秀传统文化的新方式是成功的。

1. STEM课程实施具有可行性

经过课程的设计与实施，证明了将STEM理念应用于我国优秀传统文化教育中是具有可行性的。通过研究确定以皮影戏的设计制作与表演为课程主题并确立了课程目标，根据课程目标进行教学的整体设计与实施，学生完成项目作品，对教学各方面进行评价，提升学生能力，传承优秀传统文化。本书总结出创意创作型的基于优秀传统文化的 STEM 课程实践框架,如图 8-1 所示。不论是皮影艺术还是我国其他民族优秀传统文化,在面向文化传承的 STEM 课程实际融合了信息技术后,都更加贴近我国现代教育,对于培养全面型人才具有不可替代的功能。

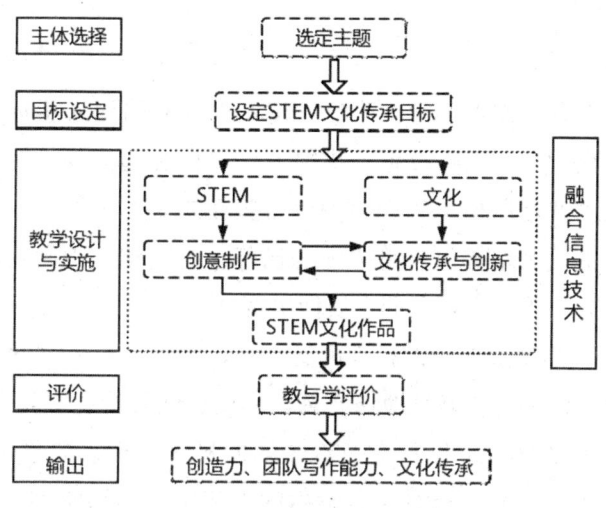

图 8-1 课程实践框架

2. STEM 课程能够提升学生创造力

以皮影艺术为案例的课程包含了皮影剧本和影人的创意设计、配乐 App 的创意编程等内容,这些都是从培养创造力的角度出发进行设计安排的。通过使用"威廉斯创造力倾向量表"对学生进行了课程实施前的测试与实施后的测试比较,发现学生的创造力有一定程度的提升。除此项目外,本书中的其他民族文化所涉及的内容,按照改进后的模式进行改革,都可以从不同方面挖掘学生的创造创新能力。在实际 STEM 文化课程中,教师要充分挖掘我国民族文化中所蕴含的科学知识,才能将其中的内容更好地讲授给学生,提高学生的个人能力。

3. STEM 课程是文化教育的实践与落实

在现代皮影戏课程的皮影文化导入环节,引入了新兴现代科技 AR、VR 技术辅助学生进行体验,学生不仅体验到了皮影艺术之美,还了解了 AR 与 VR 技术,感受并体验了现代科技的魅力。在皮影影人的设计制作环节,学生要考虑色彩搭配、设计人物造型等，在 App 编程环节，学生要进行 App 的 UI 设计，包括对软件的交互性、操作逻辑、界面美观等方面的设计，这是艺术在课程实施过程中的直观体现。在整个课程的学习过程中，学生体验美、创造美、实践美、传承美，这便是文化教育的实践与落实。

二、展望

作为一名教育工作者，深知未来 STEM 教育的路程还很远，更何况将我国优秀传统文化融入 STEM 教育。我国古代文化源远流长、博大精深，不是简单的几个课时就可以传承给学生的。希望在未来的工作中，教育工作者时刻以传承中华文化、培养复合型人才为己任，时刻铭记教师身份，充分发挥自己的光热，为中国教育行业的发展做出贡献。

1. 充分挖掘传统文化中的科学内涵

在日常教学活动中，教师应该有意识地挖掘优秀传统文化中的科学内涵。比如，虹吸原理是学生常见且有一定了解的科学知识，如果仅仅解释概念，或是通过普通的实验来进行教学，学生的理解难免不够深刻。因此，在教学过程中，教师应充分挖掘优秀传统文化中对虹吸原理的解释和应用，可以整合设计"有趣的公道杯"的课程，帮助学生理解和运用。课堂开始，教师以优秀传统文化中的将军形象引入，以提问的方式导入课程："将军怎样喝酒？"学生做了各种演示后，可以发现提前准备的公道杯怎么也倒不满。这一有趣的现象会立刻吸引学生的注意。创设了将军喝酒的情境后，教师便可以把教学重点转向对实际问题的解决，鼓励学生充分发挥小组力量，合作设计，自行制造公道杯。在实际问题的解决中，学生对虹吸原理有了深刻的认识。

STEM 课堂教学中，充分发挥学生的主观能动性非常重要。教师要精心设计问题去引导学生，让学生一直保持强烈的探究热情，增强解决实际问题的能力。中国优秀传统文化中的科学知识还有很多，作为科技教育工作者，需要实践探究的重点是如何深入挖掘且重新整合。

2. 借助现代科学技术剖析古代问题

受限于古代的科技水平，古人对很多问题的解决存在一定的瑕疵。利用现代化设备，教师能够把这些问题解决得更加合理。比如，"曹冲称象"蕴含着浮力的原理，同时包含着等量替换的思想。在科技落后的古代，曹冲就能想出如此巧妙的办法称出大象的重量，而现在，教师更应该鼓励学生借助现代科技，和曹冲比一比智慧，设计出更好的方案，称出大象的重量。"称象"这一过程可以看成项目化学习，其方案的设计、改进以及实际操作，无不体现 STEM 教育重在指导学生解决问题的理念。学生以小组为单位，结合自己所学的科学知识，设计新的方案。STEM 教育理念与中国优秀传统文化的结合调动了学生解决问题的积极性，给学生与古人"同台竞技"的感觉。学生充分发挥主观能动性，所想的办法体现了综合性、可行性。比如，学生把学到的杠杆类工具用到了问题的解决中，以小组为单位，设计出了可行的称重方案，培养了自身的工程思维。

STEM 教育的目的是培养学生的科学素养，借助优秀传统文化，让学生对科学的兴趣进一步加深，也增强了他们解决实际问题的信心，是培养学生科学素养最科学、最有效的方法之一，也让学生体会到了中国优秀传统文化的博大精深。

3. 以问促思，做到有效提问

学生的思维多以具体形象思维为主，有想象力但是理论基础有所欠缺，逻辑思维能力较为缺乏，理解能力不强。教师在结合优秀传统文化进行 STEM 教育时，更应该积极引导学生，但教师对学生提的问题不能超出他们的认知水平，贯彻 STEM 教育理念，精心设计问题，以问促思。比如，万里长城是我国古人智慧的象征，蕴含着丰富的传统文化。在教学时，教师可以围绕长城蕴含的科学知识设计问题，带学生进入 STEM 学习的乐趣中。如建造长城是一项力气活，有什么办法可以省力呢？这样的提问有助于启发学生思考和引发他们对劳动人民的尊重。当学生在教师的启发下运用学过的知识成功解决或解释日常生活中的一些问题或现象时，他们不但会感受到学以致用的喜悦，而且能够认同 STEM 教育与中国优秀传统文化结合这一教育模式的重要性和实用性，从而以最佳的状态参与探究活动。

以问促思发挥学生的主观能动性。小学科学课程标准强调了要突出学生的主体地位，在课堂上让学生自主发现问题并解决问题。教师要认真设计每个问题，尽量做到符合学生的认知水平，并和优秀传统文化有所连接，让先进的STEM教育理念服务于优秀传统文化的传播。以中国自古以来流传的优秀科学技术、发明创造、传统文化等宝贵财富生发出一个个STEM项目教育主题，将是我们不断探索、不断追求的目标。

后 记

科技兴则民族兴，科技强则国家强。科学技术是第一生产力，从国家间的合作竞争，到人类发展面临的共同问题的解决，科技发展都发挥着关键核心作用。习近平总书记指出："进入 21 世纪以来，全球科技创新进入空前密集活跃的时期，新一轮科技革命和产业变革正在重构全球创新版图、重塑全球经济结构。科学技术从来没有像今天这样深刻影响着国家前途命运，从来没有像今天这样深刻影响着人民生活福祉。"① 当前，我们比历史上任何时期都更接近中华民族伟大复兴的目标，我们比历史上任何时期都更需要建设世界科技强国！

纵观历史发展，横看时局激荡，国与国之间的竞争，本质上是生产力之争，其核心是科技创新能力之争。科技创新、科学普及是实现创新发展的两翼，经济合作与发展组织的报告也指出要同等重视知识的生产、传播和利用。没有高水平的科学教育，就没有大规模、高水平的科技创新发展后备军，国家的科学创新能力就难以显著提升，就难以产生根本性突破的科技创新。没有高质量的科学普及，就没有科学素质普遍提高的广大民众，就难以建立起宏大的高素质创新大军，难以实现科技成果的高效转化。所以，要把科学普及放在与科技创新同等重要的位置，推动科技创新必须重视科学教育、科学普及。

人是科技创新最关键的因素，创新的第一资源是人，坚持创新驱动实质是人才驱动。从实践经验来看，科技创新能力虽然能够通过购买先进设备、

---

① 习近平谈治国理政 [M]. 北京：外文出版社，2014.

引进科学技术、吸纳高端人才、优化管理体制等方式在短时间内获得快速发展，但归根结底是要靠内生发展，要靠创新人才的培养，基础是科学教育、科学普及。

从我国现实情况来看，科普工作还存在一些需要关注和推动解决的重要问题。一方面，科普人才比较缺乏。2018年12月，科技部发布2017年度全国科普统计数据，结果显示，全国科普专职人员22.70万人，兼职人员156.75万人。这个数据与《中国科协科普人才发展规划纲要（2010—2020年）》所列目标"到2020年，全国科普人才总量达到400万人"还存在相当大的差距。另一方面，仅提高数量远远不够，我们还必须认识到，新时代科普工作的思路、方式都已经发生了变化。信息化时代的科普工作与过去有着极大的不同，主要特征表现在：信息来源丰富、传播速度快、碎片化获取、表现形式多样、内容活泼等，这些特征对于不熟悉信息化传播方式的科普活动主体是既存的天然的困难。另外，如何创新科学普及的方式方法，如何促进校内外科学教育的融合发展，也都是科学普及需要面对的困难与挑战。

科技关心明天的事，教育关心后天的事，科教兴国是眼下正在全力推进的事。促进科技、教育发展的举措很多，关键是科技队伍和教育队伍的协同发力。科技人员不仅要努力攀登科技高峰，也要关注科学普及，把科学事业发展情况传播出去，特别要重视向中小学生做一些科学普及的工作。我们也希望中小学教师扮演好科技界在课堂上的代表角色，不仅要了解必要的科学技术知识、掌握基本的科学方法、树立科学思想、崇尚科学精神，而且要对科普工作也有所了解，引导更多青少年讲科学、爱科学、学科学、用科学。两支队伍携起手来，科学教育的队伍就更强大，教育资源就更丰富高质，推动全民科学素质的提升就更有力量。

近十几年来，STEM教育在全球越来越受重视，美国、英国、德国等多个国家不仅设计了本国STEM教育发展规划，还将其上升到国家战略的高度加以推进，力求在知识经济时代保持国家竞争优势。中国教育科学研究院敏锐地发现了科学教育发展的国际趋势，以高度的历史使命感，迅速而有力地组织起STEM教育的协同创新力量，成立中国教育科学研究院STEM教育研究中心，启动了"中国STEM教育2029行动计划"。这个行动计划系统宏大，从促进STEM教育政策顶层设计、实施STEM人才培养畅通计划、建设资源整合和师资培养平台、开发STEM课程标准与评价体系、涵养一体化STEM创新生态系统、打造服务经济的教育与人才战略高地、推广STEM教育成功模式等多个方面全面推进STEM教育的研究与实践。经过努力，行动计划各方面任务都取得了可喜的进展，产生了一批高质量的成果。

《STEM课程开发：理论与实践》一书介绍了STEM教育的理念以及发展历史，并从现阶段有关课程中选出以我国优秀传统文化为代表性的案例，反映了各地各校开展STEM教育探索的阶段性成果，通过对教学模式的改进，革新后的STEM课程更符合我国现代教育发展方向。本书设计的几个主题都是我们推进STEM教育无法回避的重要内容，也是许多科学教育工作者关心或者困惑的问题。这些案例内容比较翔实，有些介绍了如何设计STEM课程，有些分享了推进STEM教育不断改进的模式，并对现阶段以及未来改进后的STEM课程发展方向做了对比。我们可以从中概览STEM教育如何看、如何做、如何研究，也可以聚焦感兴趣的内容继续深入研究探索下去。可以说，该书为我们认识、思考和开展STEM教育提供了很好的资料，助力STEM课程管理与评价的研究进一步深化，实现培养复合型人才与传承国家优秀传统文化的目标，提高新青年对我国文化的认同感、归属感以及对国家的自豪感、荣誉感，对于我们进一步推进科学教育、补足我国复合型人才缺失的现状有着重要的研究价值。

参考文献

期刊

[1] 卞莉蓉.有效利用自然资源开展幼儿园STEM活动[J].好家长,2022（23）.

[2] 陈亮.STEM教育理念,让地理课堂生花[J].第二课堂,2022（6）.

[3] 陈添怡.基于STEM教育理念的幼儿教育模式的创新[J].文理导航（下旬）,2022（7）.

[4] 郝瑞辉,刘玮,李行璐.STEM教育与中国传统文化结合的课程探索[J].中国科技教育,2019（1）.

[5] 季勇.科学融入STEM促进小学科学高效课堂[J].小学生（中旬刊）,2022（5）.

[6] 江丰光,陈磊.STEM教育内涵及学校STEM课程的构建[J].中国信息技术教育,2021（16）.

[7] 焦颖.农村资源天地广 乡土STEM育人强：乡村小学乡土STEM课程开发及实施策略的思考[J].小学生（上旬刊）,2022（7）.

[8] 李好.STEM课程进校园的可行性研究[J].出版参考,2018（8）.

[9] 李亚萍.应用STEM理念在中学历史教学中开展传统文化教育[J].学园,2020,13（24）.

[10] 刘兰英,李艳梅.STEM+视域下高中传统文化教育实施策略探索[J].中学语文,2020（29）.

[11] 马国保，普彩芬．家、校、社交叉融合的STEM教育研究［J］．新课程，2022（21）．

[12] 沙沙，王芳，于晓雅．科学素质培养视角下STEM课程的特征分析与发展趋势研究［J］．中国教育信息化，2021（20）．

[13] 陶燕．乡村幼儿园教学活动与STEM教育结合的策略［J］．广东蚕业，2019，53（11）．

[14] 徐兰琴．中华优秀传统文化走进科学课堂的实践方法［J］．小学教学研究，2021（18）．

[15] 徐淑彬．浅谈STEM教育的实践教学［J］．学苑教育，2021（20）．

[16] 薛丹．校外科技教育STEM课程模式实践探究［J］．中国信息技术教育，2022（1）．

[17] 杨翠，吴嘉怡．STEM理念下儿童创客教育的现实桎梏与优化策略［J］．广东交通职业技术学院学报，2022，21（2）．

[18] 杨玉佩．如何在小学营造STEM教育文化氛围［J］．教育研究与评论（小学教育教学），2017（6）．

[19] 叶晓林．区域背景下推进小学科学STEM项目群的探索［J］．中小学教师培训，2022（7）．

[20] 曾辉新．小学科学教学与STEM教育理念的整合策略探析［J］．小学生（上旬刊），2022（7）．

[21] 詹泽慧，李克东，林芷华，等．面向文化传承的学科融合教育（C-STEAM）：6C模式与实践案例［J］．现代远程教育研究，2020，32（2）．

[22] 张亚杰，滑婧旸．近五年国内学前STEM教育研究热点和前沿演进：基于CNKI数据的可视化分析［J］．早期教育，2022（Z4）．

[23] 周芳，韩智军，杨华，等．STEM教育的现状及改进策略：以某小学为例［J］．教育科学论坛，2019（32）．

[24] 朱晓华，赵欣庆，张子宏．STEM教育指引下的校本课程教学实践策略［J］．中学课程辅导（教师通讯），2020（12）．

论文

[25] 董雪茹. 融合设计思维培养的小学 STEM 教学设计与实践研究 [D]. 桂林：广西师范大学，2022.

[26] 付文思. 面向文化传承的小学低年级 STEAM 教学模式构建与应用研究 [D]. 桂林：广西师范大学，2022.

[27] 刘渭. 创客教育背景下 C-STEAM 教育理念在高中信息技术教学中的应用研究 [D]. 汉中：陕西理工大学，2022. DOI：10.27733/d.cnki.gsxlg.2022.000155.

[28] 裴丽君. STEAM 教育理念下的历史综合实践活动课程设计研究 [D]. 天津：天津师范大学，2022.

[29] 彭也. 教师 STEM 教育知识状况与来源调查研究 [D]. 哈尔滨：哈尔滨师范大学，2022.

[30] 宋乐乐. 基于 STEAM 理念高中地理校本实践课的设计研究 [D]. 哈尔滨：哈尔滨师范大学，2022.

[31] 张启迪. 基于多元评价的小学 STEM 课堂特征研究 [D]. 上海：华东师范大学，2022.

电子资源

[32] 曹静仪. 小学科学 STEM 教学存在问题及对策研究 [D/OL]. 锦州：渤海大学，2021. DOI：10.27190/d.cnki.gjzsc.2021.000073.

[33] 杜文彬. 美国 STEM 教育发展研究 [D/OL]. 上海：华东师范大学，2020. DOI：10.27149/d.cnki.ghdsu.2020.000123.

[34] 符宏凛. 基于科学探究的 STEAM 活动设计与实施研究 [D/OL]. 桂林：广西师范大学，2022. DOI：10.27036/d.cnki.ggxsu.2022.001493.

[35] 顾高燕，张姝玥. 基于中华优秀传统文化传承的幼儿 C-STEAM 教育 [J/OL]. 民族教育研究，2022，33（1）. DOI：10.15946/j.cnki.1001-7178.2022.01.016.

[36] 管玉婷. 融入传统文化的儿童早期 STEM 项目设计研究 [D/OL]. 南京：南京师范大学，2019. DOI：10.27245/d.cnki.gnjsu.2019.001993.

［37］郭绍娜. 面向问题解决能力培养的STEM项目设计［D/OL］. 天津：天津职业技术师范大学，2021. DOI：10.27711/d. cnki. gtjgc. 2021. 000069.

［38］乐健佳. 国内外STEM教育研究热点分析及启示［J/OL］. 计算机时代，2021（9）. DOI：10.16644/j. cnki. cn33-1094/tp. 2021. 09. 005.

［39］雷茹，周兰芳. STEM教育融入幼儿园民族文化主题活动的探索与实践：以A市两所幼儿园开展的民族文化主题活动为例［J/OL］. 教育观察，2022，11（21）. DOI：10.16070/j. cnki. cn45-1388/g4s. 2022. 21. 020.

［40］梁三霞. 基于STEM教育理念的项目学习活动设计［D/OL］. 兰州：西北师范大学，2021. DOI：10.27410/d. cnki. gxbfu. 2021. 001545.

［41］刘冬. 基于STEM教育理念的通用技术学科融合教学研究［J/OL］. 求知导刊，2022（15）. DOI：10.14161/j. cnki. qzdk. 2022. 15. 032.

［42］刘海成，刘茹佳. 基于STEM的高校专业实践教学改革探索［J/OL］. 科技与创新，2022（12）. DOI：10.15913/j. cnki. kjycx. 2022. 12. 045.

［43］刘娇. STEM教师素养模型构建及应用研究［D/OL］. 曲阜：曲阜师范大学，2021. DOI：10.27267/d. cnki. gqfsu. 2021. 001145.

［44］刘欣颜. 国内近十年STEM教育研究热点及趋势分析［J/OL］. 教育导刊，2022（7）. DOI：10.16215/j. cnki. cn44-1371/g4. 2022. 07. 004.

［45］邱德峰，全晓洁，李颜希. 国外STEM教育的研究热点与前沿探析［J/OL］. 教师教育学报，2020，7（5）. DOI：10.13718/j. cnki. jsjy. 2020. 05. 002.

［46］石维雪. STEM教师知识及其发展的影响因素研究［D/OL］. 曲阜：曲阜师范大学，2021. DOI：10.27267/d. cnki. gqfsu. 2021. 001134.

［47］宋怡. 整合性STEM课程特征建构研究［D/OL］. 南京：南京师范大学，2021. DOI：10.27245/d. cnki. gnjsu. 2021. 000175.

［48］武建鑫，赵亚丽."第一站"：未来大学模式再探索［J/OL］. 江苏高教，2022（6）. DOI：10.13236/j. cnki. jshe. 2022. 06. 001.

［49］徐佳静. 小学STEM课程学习评价指标体系构建研究［D/OL］. 上海：上海师范大学，2021. DOI：10.27312/d. cnki. gshsu. 2021. 001186.

会议录

[50] 李湘黔. 守正创新　行稳致远：中国乡村传统科技文化与 STEM 主题教育普及内容的研究 [C] //城乡统筹发展研究中心，北京文化发展研究院. 第六届城市文化发展论坛论文集. [出版者不详]，2021：267-283. DOI：10.26914/c.cnkihy.2021.038203.

附 件

附件1　项目企划书

小组名称：_____　项目主题：_____

小组公约：
1. 我们保证尊重并聆听每个组员的想法。
2. 我们保证尽力完成所分配的任务。
3. 我们保证准时或在截止日期前完成任务。
4. 我们保证在需要帮助时会寻求帮助。
5. 我们保证共同承担成功与失败。
6. 我们保证上交的作品是自己完成的。

成员签名：

签名日期：_____

项目规划：

任务分工：

姓名	职务	负责工作

任务清单：

任务	创建时间	预设完成时间	是否按时完成
			是□ 否□
			是□ 否□
			是□ 否□
			是□ 否□
			是□ 否□
			是□ 否□
			是□ 否□

附件2 活动记录单

活动名称		小组名称	
材料与工具			
实验过程			
实验结果			
遇到的问题及解决方案	遇到的问题	原因分析	解决方案

附件3 程序设计单

程序名称		小组名称	
程序运行流程导图			
界面布局草图			
调试记录与修正方案	出现的问题	原因分析	解决方案

附件 4 学生表现评价表

姓名：　　　　　　　　小组名称：

一级指标	二级指标	评分标准	自评	互评	师评
小组合作	合作态度	4分：十分积极参与团队活动，积极提出自己的建议和想法 3分：较积极参与团队活动，能提出自己的建议和想法 2分：参与团队活动，很少提出建议和想法 1分：不参与团队活动，不提出建议和想法		均分：	
	合作效率	4分：能及时地完成分配的任务且完成度很高 3分：能完成分配的任务且完成度较高 2分：能完成分配的任务但完成度不高 1分：不能完成分配的任务		均分：	
	合作精神	4分：经常能在他人需要时提供帮助，并积极听取他人想法 3分：能在他人需要时提供帮助，能听取他人想法 2分：偶尔会提供帮助有时会打断或贬低他人 1分：不帮助他人，时常会打断或贬低他人		均分：	
设计操作	项目设计	4分：能设计与设计主题相关的精细的实验方案 3分：能设计与项目设计研究主题相关的较精细的实验方案 2分：能设计简单的实验方案 1分：不能设计实验方案		均分：	
	操作水平	4分：工具使用能力、编程能力和技术熟练度等达到很高水平 3分：工具使用能力、编程能力和技术熟练度等达到较高水平 2分：工具使用能力、编程能力和技术熟练度等水平不高 1分：工具使用能力、编程能力和技术熟练度等水平差		均分：	

续表

一级指标	二级指标	评分标准	自评	互评	师评
设计操作	语言表达	4分：表述清晰，语句完整，语言规范 3分：表述较清晰，语句较通顺，语言较规范 2分：表述不太清晰，时有停顿 1分：无法表述清楚，不能成句			
				均分：	

附件 5　作品评价表

小组名称：　　　　　　　项目主题：

作品	指标	指标阐释	得分	
影人	完整性	影人各部位、五官及造型完整，影人完成度高		
	操作性	影人灵活，各部位处连接顺畅，容易操作		
	创新性	人物形象造型的创意巧妙，独具匠心		
	艺术性	色彩搭配合理，人物造型美观，突出主题		
App	技术性	灵活使用相关组件，程序结构清晰		
	交互性	操作界面的交互性		
	创新性	主题新颖，构思巧妙		
	艺术性	色彩搭配合理，图文并茂，风格协同，突出主题		
表演	配合度	各成员配合默契，表演全程顺畅		
	完成度	完整展现故事主题，各成员各司其职完成相应工作		
	创新性	配乐独特，表演构思巧妙，独具匠心，剧情创意十足		
	艺术性	故事呈现独具艺术风格，配乐悦耳且符合主题需要，表演时语言优美流畅		
评语：				

备注：该表格中作品与指标阐释一栏中的内容适用于本书中现代皮影戏一课，在此只做举例说明，并不适用全部课程。

附件6　威廉斯创造力倾向量表

这是一份帮助你了解自己创造力的测量表。如果你认为句子所描述的情形很适合你就在题后选项中"完全符合"对应的空格内打"√"，如果是认为部分地适合你，就在"部分适合"对应的空格内打"√"；如果根本不适合你，就在"完全不符"对应的空格内打"√"。

注意：
1. 每题都要做，但不要花太多时间去想。
2. 所有题目都没有"正确答案"，凭你读完每句的第一印象作答即可。
3. 虽然没有时间限制，但应尽可能地争取以较快的速度完成，愈快愈好。

备注：切记要凭自己的真实感受作答，在最符合自己的选项内打"√"。每一题只能打一个"√"。

表1　威廉斯创造力倾向量表

题目	完全不符合	部分符合	完全符合
1. 在学校里，我喜欢对事情或问题做猜测，即使不一定猜对也无所谓			
2. 我喜欢仔细观察我没有见过的东西，以了解详细的情形			
3. 我喜欢变化多端和富有想象力的故事			
4. 画图时我喜欢临摹别人的作品			
5. 我喜欢利用旧报纸、旧日历及旧罐头盒等废物来做成各种好玩的东西			
6. 我喜欢幻想一些我想知道或想做的事			
7. 如果事情不能一次完成，我会继续尝试，直到成功为止			

续表

题目	完全不符合	部分符合	完全符合
8. 做功课时我喜欢参考各种不同的资料，以便得到多方面的了解			
9. 我喜欢用同样的方法做事情，不喜欢去找其他新的方法			
10. 我喜欢探究事情的真相			
11. 我喜欢做许多新鲜的事			
12. 我不喜欢交新朋友			
13. 我喜欢想一些不会在我身上发生的事			
14. 我喜欢想象有一天能成为艺术家、音乐家或诗人			
15. 我会因为一些令人兴奋的念头而忘了其他的事			
16. 我宁愿生活在太空站，也不愿生活在地球上			
17. 我认为所有问题都有固定答案			
18. 我喜欢与众不同的事情			
19. 我常想要知道别人正在想什么			
20. 我喜欢故事或电视节目所描写的事			
21. 我喜欢和朋友在一起，和他们分享我的想法			
22. 如果一本故事的最后一页被撕掉了，我就自己编造一个故事，把结果补上去			
23. 我长大后，想做一些别人从没想过的事			
24. 尝试新的游戏和活动，是一件有趣的事			
25. 我不喜欢受太多规则限制			
26. 我喜欢解决问题，即使没有正确答案也没关系			
27. 有许多事情我都很想亲自去尝试			
28. 我喜欢唱没有人知道的新歌			
29. 我不喜欢在班上同学面前发表意见			

续表

题目	完全不符合	部分符合	完全符合
30. 当我读小说或看电视时,我喜欢把自己想象成故事中的人物			
31. 我喜欢幻想200年前人类生活的情形			
32. 我常想自己编一首新歌			
33. 我喜欢翻箱倒柜,看看有些什么东西在里面			
34. 画图时,我很喜欢改变各种东西的颜色和形状			
35. 我不敢确定我对事情的看法都是对的			
36. 对于一件事情先猜猜看,然后再看是不是猜对了,这种方法很有趣			
37. 玩猜谜之类的游戏很有趣,因为我想知道结果如何			
38. 我对机器感兴趣,也很想知道它的里面是什么样子,以及它是怎样转动的			
39. 我喜欢可以拆开来玩的玩具			
40. 我喜欢想一些新点子,即使用不着也无所谓			
41. 一篇好的文章应该包含许多不同的意见或观点			
42. 为将来可能发生的问题找答案,是一件令人兴奋的事			
43. 我喜欢尝试新的事情,目的只是为了想知道会有什么结果			
44. 玩游戏时,我通常是有兴趣参加,而不在乎输赢			
45. 我喜欢想一些别人常常谈过的事情			
46. 当我看到一张陌生人的照片时,我喜欢去猜测他是怎么样的一个人			
47. 我喜欢翻阅书籍及杂志,但只想大致了解一下			
48. 我不喜欢探寻事情发生的各种原因			
49. 我喜欢问一些别人没有想到的问题			

续表

题目	完全不符合	部分符合	完全符合
50. 无论在家里还是在学校，我总是喜欢做许多有趣的事			

注：本书选用"威廉斯创造力倾向量表"作为受试学生创造力水平的测量工具。"威廉斯创造力倾向量表"由美国心理学家威廉斯（F. E. Williams）编制，由专家林幸台、王木荣修订。量表包含"冒险性""好奇心""想象力"和"挑战性"4个评量维度，共计50道题，题目为3点积分，"完全符合"记3分，"部分符合"记2分，"完全不符合"记1分。该量表在全世界被广泛应用，被认为具有很好的效度和信度。量表结构如表2。

表2 威廉斯创造力倾向量表题目结构

维度	题号	说明
冒险性	1、5、21、24、25、28、29、35、36、43、44	29题和35题为反向计分
好奇心	2、8、11、12、19、27、33、34、37、38、39、47、48、49	12题和48题为反向计分
想象力	6、13、14、16、20、22、23、30、31、32、40、45、46	45题为反向计分
挑战性	3、4、7、9、10、15、17、18、26、41、42、50	4题、9题和17题反向计分

附件 7　课程效果调查问卷

本问卷为匿名填写，请各位同学如实作答，谢谢你的配合！

1. 你对本次课程的总体评价是
A. 满意　　　　B. 一般　　　　C. 不满意

2. 你认为本课程的难度是
A. 简单　　　　B. 适中　　　　C. 难

3. 你对本课程跨学科的学习内容感兴趣吗？
A. 感兴趣　　　B. 一般　　　　C. 不感兴趣

4. 你喜欢以项目小组的形式进行学习活动吗？
A. 喜欢　　　　B. 一般　　　　C. 不喜欢

5. 通过本课程的学习你的收获是
A. 很大　　　　B. 一般　　　　C. 没什么收获

6. 通过本课程的学习是否增加你对编程的学习兴趣？
A. 是　　　　　B. 否

7. 通过本课程的学习是否使你喜欢上了皮影艺术（或其他传统文化）？
A. 是　　　　　B. 否

8. 如果有机会,你是否愿意继续学习传统文化类的 STEM 课程?
   A. 是　　　　B. 否

9. 对于本课程你有哪些建议?